50代から楽しむメイクの教科書

MAKE UP METHOD FOR OVER 50S.

成美堂出版

ふと、鏡を見たときに
「今日の私、いい感じかも！」
と思って、
なんだか幸せな気分になった
経験はありませんか？

その一方で、肌が荒れていたり、
メイクの仕上がりがしっくりこないと、
周りの反応が気になったり、
ついテンションが下がることもあるはず。

実は、

50代は今までのメイクを更新する最高のタイミング。

人生100年時代

この先も自分をもっと好きになるために

「大人のメイク」を楽しみましょう！

大人によくある

頑張りすぎてると
思われたくない

今のメイクがなんだか
しっくりこない…

メイクの方法って、
たくさんあるみたいだけど
自分に似合うメイクが
わからない！

顔のたるみや
シミが気になる…

別人になるのはイヤ。
でも、自然でキレイな
顔になりたい！

メイクに時間をかけたくない！

こんな悩みを
すべて解決できるのが

「さりげなく大変身」
メイクです！

メイクアップアーティストの仕事をはじめてから32年。広告やＣＭ、雑誌などでモデルさんやタレントさんにメイクをするほか、ミュージシャンのＰＶ撮影、ブライダルなどさまざまな分野でメイクを手掛けてきました。

そして今、それらのすべての経験とスキルを活かし、一番『美容の力』を必要とする50代前後、そして50オーバーの世代のためにエネルギーを注いでいます。私自身がその世代を生き、私自身も日々顔の変化に直面することで、多くの女性が抱える年齢による顔の悩みに共感し、プロとしてその解決策を一人でも多くの女性に共有したいと心から思ったからです。

たかがメイクアップ、されどメイクアップ。

メイクは自分にかける魔法です、自分の機嫌を自分で保ち笑顔にする魔法。明るい笑顔は自分を輝かせ、ともにいる人の心を明るく照らします。明るいところには、いいことが集まってきます。そうやって自分で福を呼べるよう、工夫しながら生きていくことが、これからの時代に必要なことだと思っています。

ただ、若い頃と同じメイクでは自然な輝きはだせません。年齢を重ねた女性ならではの魅力を引き出すメイクがあるんです。それが、私がみなさまに知ってもらいたい「さりげなく大変身」メイクです。

どうすればハッピーな顔にメイクできるかが、この1冊に詰まっています。自分の手で簡単にできるテクニックばかりなので、大丈夫！

最近なんだかメイクがしっくりこない…。大変身したいわけじゃないけど、キレイでいたい！　カッコよくありたい！　そんな気持ちをもっているすべての大人女性に、メイクを通じて日々をハッピーにする方法を知ってもらえるとうれしいです。

メイクアップアーティスト　鈴木みほ

CONTENTS

はじめに ……… 06

PART 1

最小限で最大限の効果を発揮する 50代からのメイクの新常識

大人になるほどメイクの力が最大に生きる ……… 16
目指すべきは愛嬌のある愛されフェイス ……… 20
最小限のメイクで最大限の効果を得る方法がある！ ……… 22
「たるみ」顔と「コケ」顔の特徴 ……… 26
光と影の効果で誰でも小顔になれる ……… 28
光と影を入れるのはココ！ ……… 30
古い習慣を潔く変えると新しい自分に出会える ……… 32
大人は血色感のあるブラベ肌を目指すべし ……… 34
大人メイクにはすべて意味がある ……… 36
人生、楽しげな顔が福を呼ぶ ……… 38

まずは、大人の顔の変化と対応できるメイクを知りましょう！

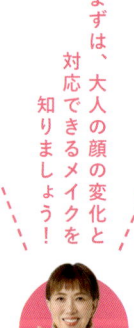

PART
2
さりげなく大変身できる！大人メイクの魔法

大人の美コラム　自分の力だけでも、さりげなく素敵に見せられます …… 40

大人メイクの正解は「さりげなく大変身」…… 44
「さりげなく大変身」メイク　悩み別組み合わせ例 …… 48
メイクをする前に肌を整える基本のスキンケア …… 50
メイク前の「スキンケア」ＨＯＷ ＴＯ …… 52
ハッピーオーラを生みだす「ベースメイク」…… 54
さりげなく大変身の「ベース」メイクＨＯＷ ＴＯ …… 56
「ベース」メイクＱ＆Ａ …… 58
オレンジ色でシミが消滅！「シミカバー」…… 60
さりげなく大変身の「シミカバー」メイクＨＯＷ ＴＯ …… 62
「シミカバー」メイクＱ＆Ａ …… 64
合言葉はニッコリ半分「チーク」…… 66

具体的なメイクテクニックをていねいに紹介します！

さりげなく大変身の「チーク」メイクHOW TO　68
「チーク」メイクQ&A　70
大人の願いを叶える「シェーディング」　72
さりげなく大変身の「シェーディング」メイクHOW TO　74
「シェーディング」メイクQ&A　76
顔にベールをかける魔法「フェイスパウダー」　78
さりげなく大変身の「フェイスパウダー」メイクHOW TO　80
「フェイスパウダー」メイクQ&A　82
目ヂカラを復活させる「アイメイク」　84
さりげなく大変身の「アイシャドウ」メイクHOW TO　86
さりげなく大変身の「アイライン」メイクHOW TO　88
さりげなく大変身の「マスカラ」メイクHOW TO　90
プラスアルファ　アイテープ&つけまつ毛HOW TO　92
「アイ」メイクQ&A　94
平行眉で瞬間垢抜け！「眉」　96

さりげなく大変身の「眉」メイクＨＯＷ ＴＯ …… 98
「眉」メイクＱ＆Ａ …… 100
華やかさは唇で決まる「リップ」 …… 102
さりげなく大変身の「リップ」メイクＨＯＷ ＴＯ …… 104
「リップ」メイクＱ＆Ａ …… 106
色がとっても大事な「コンシーラー」「仕込みチーク」「リップ」の色見本 …… 108
大人の美コラム　メイクの仕上がりを変えるプロおすすめの必須アイテム …… 110

PART 3

将来の輝く肌のために大人の肌はスキンケアの積み重ね

美肌は今の自分から未来の自分へのプレゼント …… 114
メイク後のクレンジングが老け見え予防のカナメ …… 116
デイリー「クレンジング」ＨＯＷ ＴＯ …… 118
メイクをしていない日も洗顔で顔の汚れを落とす！ …… 120

基本のスキンケアやスペシャルケアの方法を紹介します！

デイリー夜用「洗顔」HOW TO …… 122
心地よいと思うアイテムで大人はとにかく乾燥対策を …… 124
デイリー夜用「スキンケア」HOW TO …… 128
ホットタオルでお疲れ肌を回復させる！ …… 130
スペシャル「ホットタオル」ケアHOW TO …… 132
内側からのケアがあなたの輝きを底上げする …… 134
結局、大人の笑顔が最強の魅力になる …… 136
「表情筋」を鍛えるHOW TO …… 138
肌をいたわる時間を作る　それは自分を大切にすること …… 140
大人の美コラム　指先まで行き届く美意識があなたをもっと魅力的にする …… 142

PART 4

パサパサ髪は老け見え要因に！大人のヘアケアの基本

大人の顔の悩みを
解決するためには、
ヘアケアも重要です！

大人の悩みをカバーできるヘアスタイルがある！ …… 146

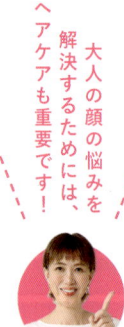

アイテム選びより頭皮のマッサージが大事！ …… 148
「頭皮マッサージ」ＨＯＷ ＴＯ …… 150
正しい髪の洗い方で大人のにおいもケアする …… 152
デイリー「髪の洗い方」ＨＯＷ ＴＯ …… 154
髪の自然乾燥は百害あって一利なし！ …… 156
「髪の乾かし方」ＨＯＷ ＴＯ …… 158
髪を変えると、自分がなりたい姿がわかる …… 160
ヘアスタイル見本 …… 162

おわりに …… 166
さりげなく大変身メイクの実例 …… 170
えがおグループの紹介 …… 174

最小限で最大限の効果を発揮する

50代からのメイクの新常識

PART 1

LET'S UPDATE
YOUR MAKE UP TECHNIQUE !

あがった細眉に、色白メイク、
ラメたっぷりのアイメイク…などなど
そんな昔からのメイクを続けていませんか?
もちろん、好きなメイクを
楽しんでもらってもOKなんです!
ですが、ただたんに好きな色、好きなメイクだけだと
ちょっと違和感を抱くようになるのが
50代前後の女性の悩みではないでしょうか。
ではなぜ、違和感を覚えるようになるのか。
実は、そこには大人の顔ならではの
現象が発生しているからです。
自分がハッピーになれる、
大人向けメイクの新常識を知りましょう!

MESSAGE
01

大人になるほどメイクの力が最大に生きる

メイクは幸せを作りだす魔法

ふと鏡を見たときに「えっ、私こんな顔だっけ?」なんて、まるで知らない人がそこにいるように感じることがありませんか。私も50代になり、ときには「もうムリかも…」と感じる日もありますが、そんなときこそまずはメイクをしてみます。なぜなら、**メイクは顔だけでなく、心を生き返らせる力をもっていると信じているから**。そうすると、メイクが仕上がった頃には「よし! 今日も頑張ってみる!」という前向きな気持ちに変わっているのです。知ってほしいのは、**メイクは、自分で自分の機嫌をとるための魔法のような存在であり、自分の心を自分でコントロール**

できる力をもっているということ。それに、メイクをしながら変わっていく自分を見るのは、とても楽しい時間です。自分で自分自身をハッピーにするためには、こうした「小さな幸せの瞬間」を大切にすることがとても重要です。

50代前後になると、若い頃とは違う自分の顔の変化に直面することが増えます。老化現象は避けられないことですが、少しでもよくしたいという気持ちが起こるのも自然なこと。メイクは、そんな「なんとかしたい！」という女心をケアするための強力な味方になります。若い頃に戻りたいわけではないけれど、今の自分をできるだけ前向きに受け入れたい。そんな願いを叶えるために、メイクはとても大切な役割を果たしてくれます。

自分のために、自由に大人メイクを楽しんで

メイクの素晴らしいところは、自由であることです。それに、「違う」と思ったらすぐに落とせるのもメイクのメリットです。どこをメイクして、どこをメイクしな

いのか、まったくメイクしない選択肢だってありなんです。だから、本書で紹介しているメイクの工程をすべてやる必要もないのです。自分が「あっ！　いいかも！」と思える顔になるためには、どこをメイクしたらよいか。自由にお好みでセレクトすればいいのです。**鏡に映る自分の顔を見て、「今日もいい感じ！」と思えたのなら、それがなによりの成功の証《あかし》**です。

メイクは、もし違うと思ったらやりなおせますし、気分によって変えることもできます。50代前後、そして歳を重ねていくほど、メイクの力が最大に生きる！　ということを、今までの経験を通じて強く実感しています。そして、その素晴らしい体験を多くの方にも感じてもらいたいと思っています。

「自分の機嫌をとれる」こと、そして「自分でハッピーを生みだせる」ことは、これから先、充実した人生を歩んでいくための絶対条件。「もう若くないんだから」と、後ろ向きになる必要なんてありません。周りの人のためではなく、**なによりも自分のために、自分をもっと大切にする方法のひとつとして、ぜひ大人のメイクを楽しんでみてください。**

メイクで人生が変わる

MESSAGE 02

目指すべきは愛嬌のある愛されフェイス

メイクで大人のかわいらしさを引き出し等身大の美しさを手に入れる

普通に機嫌よくすごしているはずなのに、周りの人から「なんだか、不機嫌に見えるよ」「体調でも悪いの？」といわれた経験はありませんか？　もしかすると、その原因は外見の印象の変化によるものかもしれません。実際、**年齢を重ねることで、どうしても起きてくる、顔のたるみや肌の質感の変化により、若い頃のメイクがしっくりこなくなります**。

そこで提案したいのが、自分も周りの人も明るく楽しい気分にしてくれる「**愛嬌の**

若い頃と同じメイクは
しっくりこない！

ある顔」を作ること。50代をすぎると、眉間や目元の影が強調され、顔に「えぐみ」がでてきてしまうのですが、それをほんの少し和らげるだけで、誰でも「愛嬌のある顔」になれますよ。さらに、「キレイでいなきゃ！」なんて気負うこともなく、優しい顔でいることが大人女性の心を安定させてくれます。

若い頃は、目が大きい、鼻が高いといった造形的な美しさをもつ人が注目されることもありますが、歳を重ねると造形的な美しさはあまり関係ありません。大人女性の顔には今までの努力やたくさんの経験があらわれています。そして、それらは大人女性だからこその魅力です。ムリに若作りするのではなく、大人の魅力に適したメイクに変えていきましょう。

MESSAGE 03

最小限のメイクで最大限の効果を得る方法がある！

大人の顔は「たるみ顔」と「コケ顔」の2つに変化していく

年齢を重ねるにつれて、顔の形や肌の質感が変わるのは自然なこと。だからこそ、メイクもその変化に合わせてアップデートしていくのが大切です。その前提として知っておきたいのが大人の顔の変化。50代以上になると、**顔は大きくわけて「たるみ顔」と「コケ顔」の2つにわかれ、それぞれの悩みが顕著に目立つようになります**。

まず「たるみ顔」。これは、多くの方が経験する変化です。顔全体が少しずつ緩んできて、まるで顔の余白が増えたように見えることがあります。お客様から「最近、顔が大きく見えるようになった」と相談されることがよくありますが、それは**脂肪がつきやすくなったり、顔の皮ふがたるんだりすることで、顔が広がって見えているため**。さらに、ホルモンの変化や顔の骨自体が少しずつ小さくなることも原因です。特に女性に発症しやすい骨粗しょう症は、手や足の骨密度の低下だけでなく、顔の土台である頭蓋骨にも影響を与えます。つまり、**頭蓋骨が小さくなる分、皮ふが余ってたるむことで顔が大きく見えてしまう**のです。

もうひとつの「コケ顔」は、顔の脂肪が落ち、痩せ細って見える状態です。特に全身が痩せている方に多く見られます。頬がコケたり、目の周りが痩せたりすることで、顔全体に影が目立ち、疲れた印象に…。年齢よりも老けて見えてしまう場合も少なくありません。

たるみやコケを隠したい、シワを目立たないようにしたいと思うと、つい厚塗りしてしまいがち。ですが、**大人の顔に厚塗りはNGです。実は、ファンデーションの重みでさえも、顔のたるみに影響します**。つまり、化粧品をたくさんつければつけるほど、皮ふにとっては「重み」になり、さらに顔が下がってたるんで見えてしまいます。同じように、アイメイクもアイシャドウを重ねるほど、目元のたるみが強調されます。反対に、目元の影が目立つコケ顔の方は、ブラウン系のアイシャドウを重ねると、影をさらに目立たせ、逆効果になります。

私がいつもお客様にお伝えしているのは、**「あれもこれもとやりすぎない」のが一番大切**ということ。特に50代以上の女性には、ナチュラルなメイクを意識することをおすすめしています。

潔《いさぎよ》い手抜きメイクが大人女性にちょうどいい

50代オーバーの女性がばっちりフルメイクをすると、頑張りすぎ、やりすぎ感がでることがあります。ときには、フルメイクをしていることが老け見えの原因になることも。それを解消するためには、自分の顔の変化や悩みに応じて、どこに重点を置くかを自分で見極めることが大切です。お客様からも「ファンデーションをつけると、かえって老けて見える」といった声をよく聞きますし、確かにファンデーション

顔の変化や悩みに応じてセレクトする

をつけることで、その方の肌がもつ透明感が失われることもありますが、それもつけ方や量次第。**大人の女性には必要な部分だけを補う「潔い手抜きメイク」ぐらいがちょうどいい**のです。

ある方は「眉毛だけをきちんと描く」、また別の方は「コンシーラーでシミだけ隠す」、さらには「肌はなにもしないけど、眉毛とリップだけは絶対やる」など、その選択は人それぞれ。自分のライフスタイルやファッション、顔の変化に合わせたメイクをすることで、「しっくりくる」感覚を得られるはずです。

欠点を隠そうとした厚塗りメイクではなく、必要な部分だけを補うシンプルで心地よいメイク。それが、50代以上の女性にとっての「しっくり感」を生む秘訣です。

「たるみ」顔と「コケ」顔の特徴

女性の顔は50歳前後から急激に変化し、
おもに「たるみ顔」と「コケ顔」にわかれていきます。
ただ、落ち込む必要はありません！
メイクで解消できるところがたくさんあります。

たるみ顔

肌のたるみ

肌の弾力が低下することにより、顔全体が下に引っ張られるような状態に

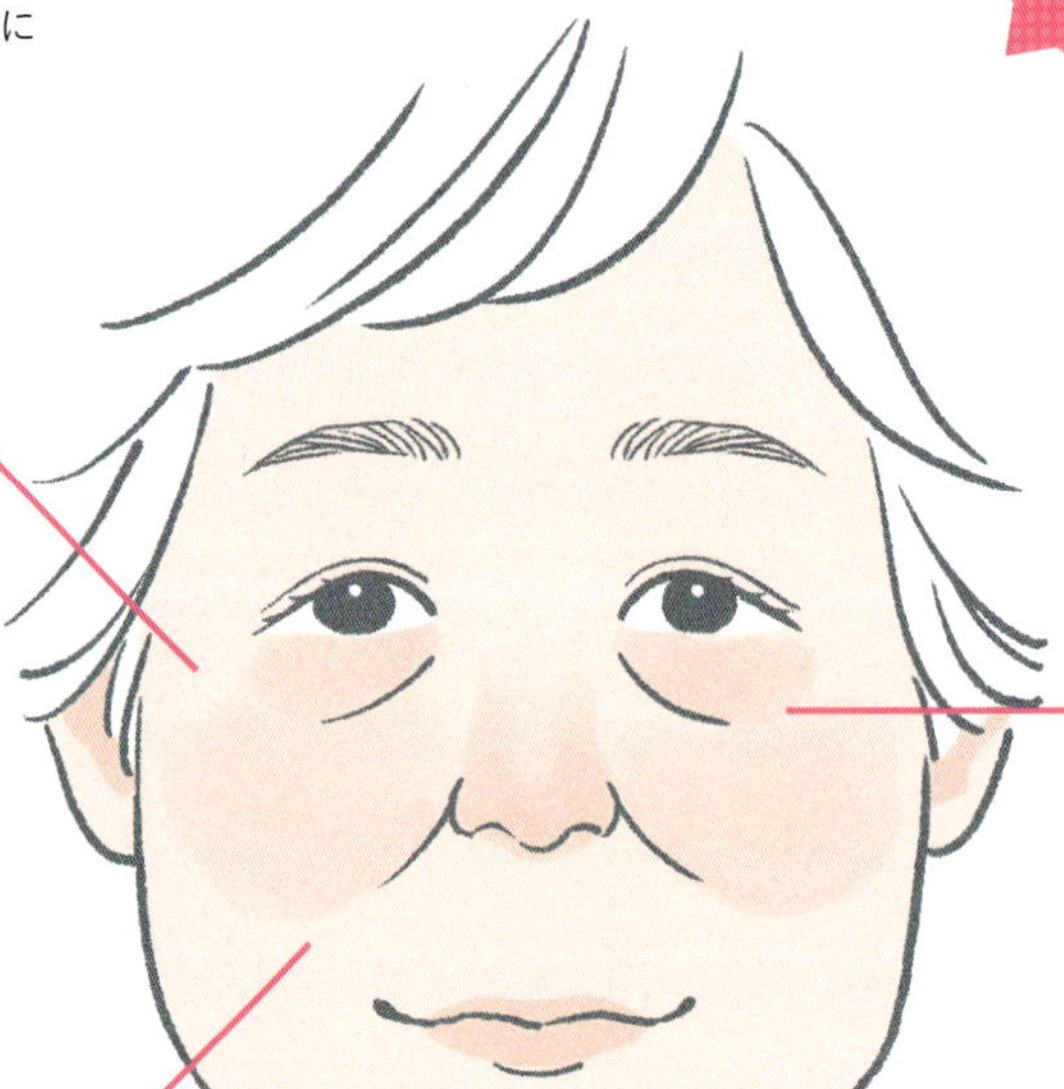

目元のたるみ

まぶたが下がり、目が少し重たく見えることがある。目の下に袋状のたるみができやすく、疲れた印象を与えることも

ほうれい線が目立つ

頬がたるむことで、ほうれい線が深く見えることが多い

フェイスラインがあいまい

顔の輪郭がはっきりしなくなり、フェイスラインがぼやけがちに。顔全体が膨らんだ印象になることがある

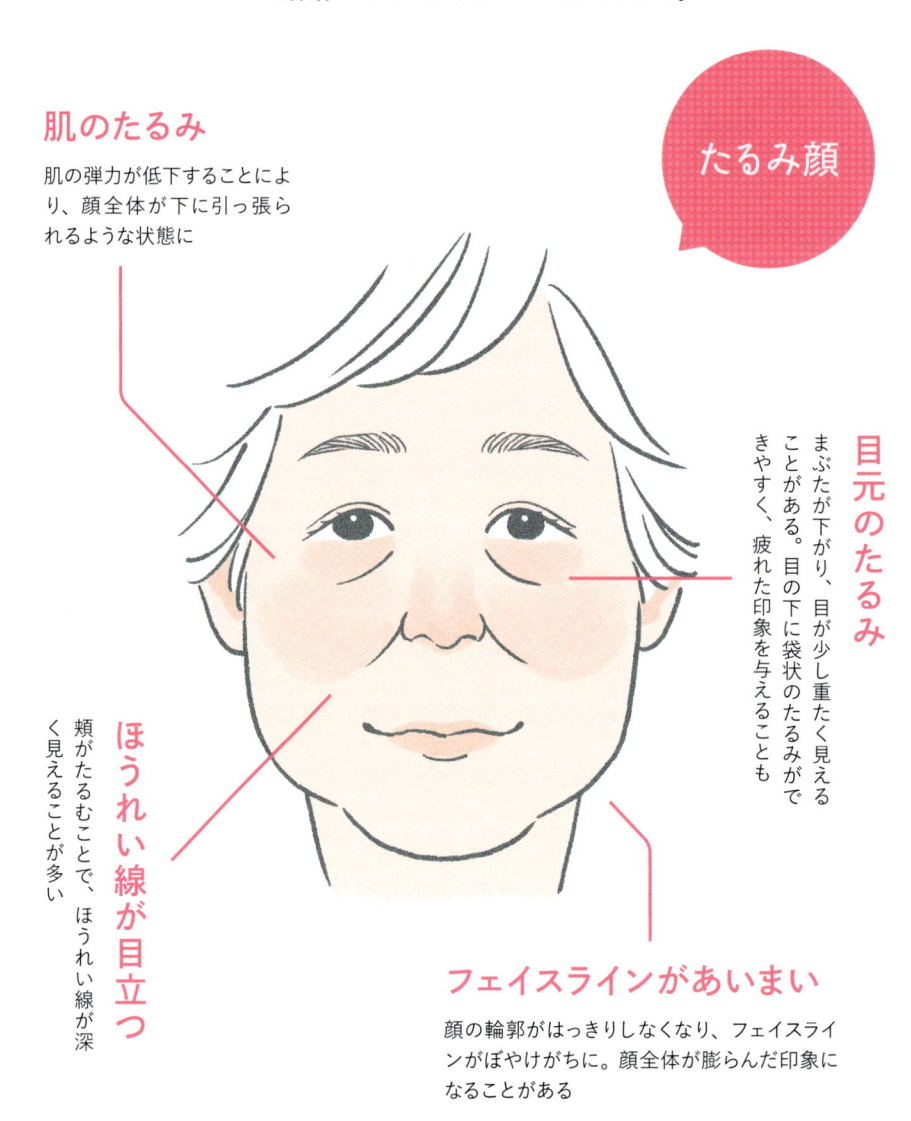

顔の変化を知ることが
キレイへの第一歩！

コケ顔

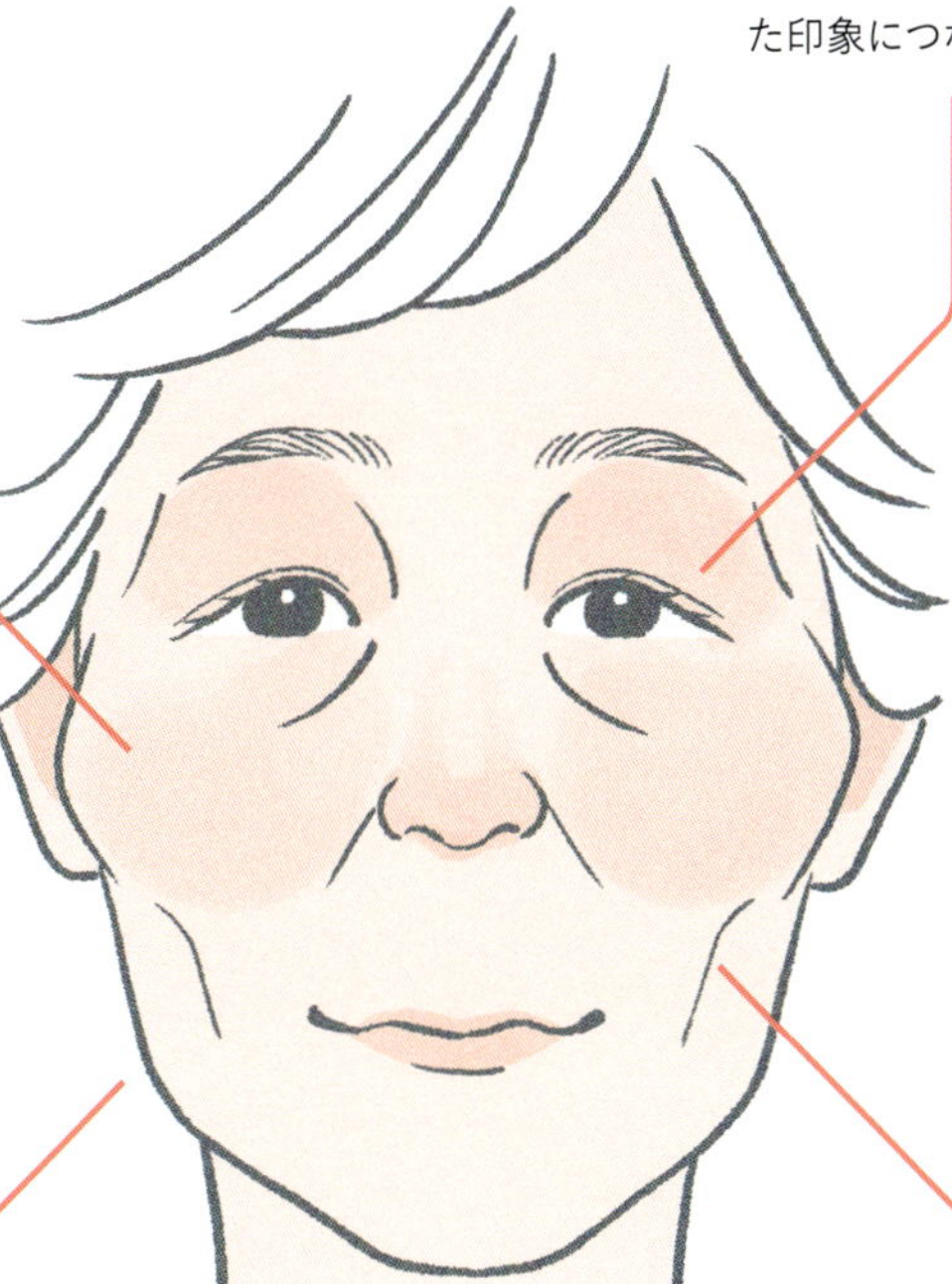

深い目元

目の周りがくぼみ、目元が深く見えることがある。やつれた印象につながることも

顔全体の痩せ

全体的に顔の肉が少なく、骨格がはっきりと浮き出ている場合もある。頬骨が目立ち、冷たい印象を与えやすい

頬のコケ

頬の肉が少なくなり、痩せ細った印象に。顔の中央部分、特に頬がくぼんで見えることが特徴

顔の影が目立つ

骨格が強調されることで、顔全体に影が目立つ。実年齢よりも老けて見えることがある

MESSAGE 04

光と影の効果で誰でも小顔になれる

簡単かつ大人の悩みを解決するのに最適な方法

年齢を重ねると「なんだか顔が膨らんだ気がする」「平面的でのっぺりしてきた」と感じる方が多いです。でも、実際に顔が大きくなったわけではありません。**年齢とともに皮ふがたるむことで、顔のパーツが少しずつ下がり、顔の中央部分の余白が多くなって、そう見えるようになる**のです。でも安心して！　これを解決できる最適な方法があるんです。それは、「光」と「影」を使って、余白を埋め、立体感を作ることと、**顔のパーツを中心寄りに見えるようにするのがポイント**です。

まず、影を使って顔の立体感を作るテクニックのことを「シェーディング」といいます。**膨らんで見える部分や引き締めたい部分に、やや濃い色で影を入れるだけ**。顔の余白が埋まり、立体感がでて、顔全体も引き締まって見えるようになります。また、広くなりすぎたおでこをコンパクトに見せることだって可能。**世代を超えて憧れの「小顔」を叶える、最強お助けテクニックなのは間違いありません**。

そしてもうひとつが「光」を入れるテクニック、つまり「ハイライト」です。具体的には、**くぼんでいる部分や影が気になる部分に「光」となる明るめの色を入れて、くぼんだ箇所を膨らませます**。たとえば、まぶたがくぼんでいる場合、明るめの色を入れることで、影が和らぎ、目元の印象だけでなく、顔全体がイキイキと明るく元気な印象に変化します。さらに、顔の真ん中にある鼻筋にも軽くハイライトを入れると、魔法のように顔が一瞬で立体的かつ垢抜けた雰囲気になります。これも**顔のポイントが中心に集まることで生まれる効果**です。

シェーディングとハイライトは、私自身が最もおすすめしたい、大人向けメイクのテクニックです。今までやったことがない！　という方も、ぜひ試してみてください。

光と影を入れるのはココ！

「たるみ顔」と「コケ顔」は、それぞれ光と影の入れ方が異なります。
共通する方法もありますが、隠したい部分を隠し、
自然な立体感を顔に作るのが大人向けメイクの秘訣です。

たるみ顔

光①

目の下にアイシャドウのハイライトカラー、
目頭にハイライトを入れて、
間延びしがちな顔の余白を埋める

影①

額の生え際に沿って影を入れ、
顔の縦の長さを調整

影②

頬骨の下から
フェイスラインにかけて
V字に影を入れ、頬を引き締めて
リフトアップ効果を狙う

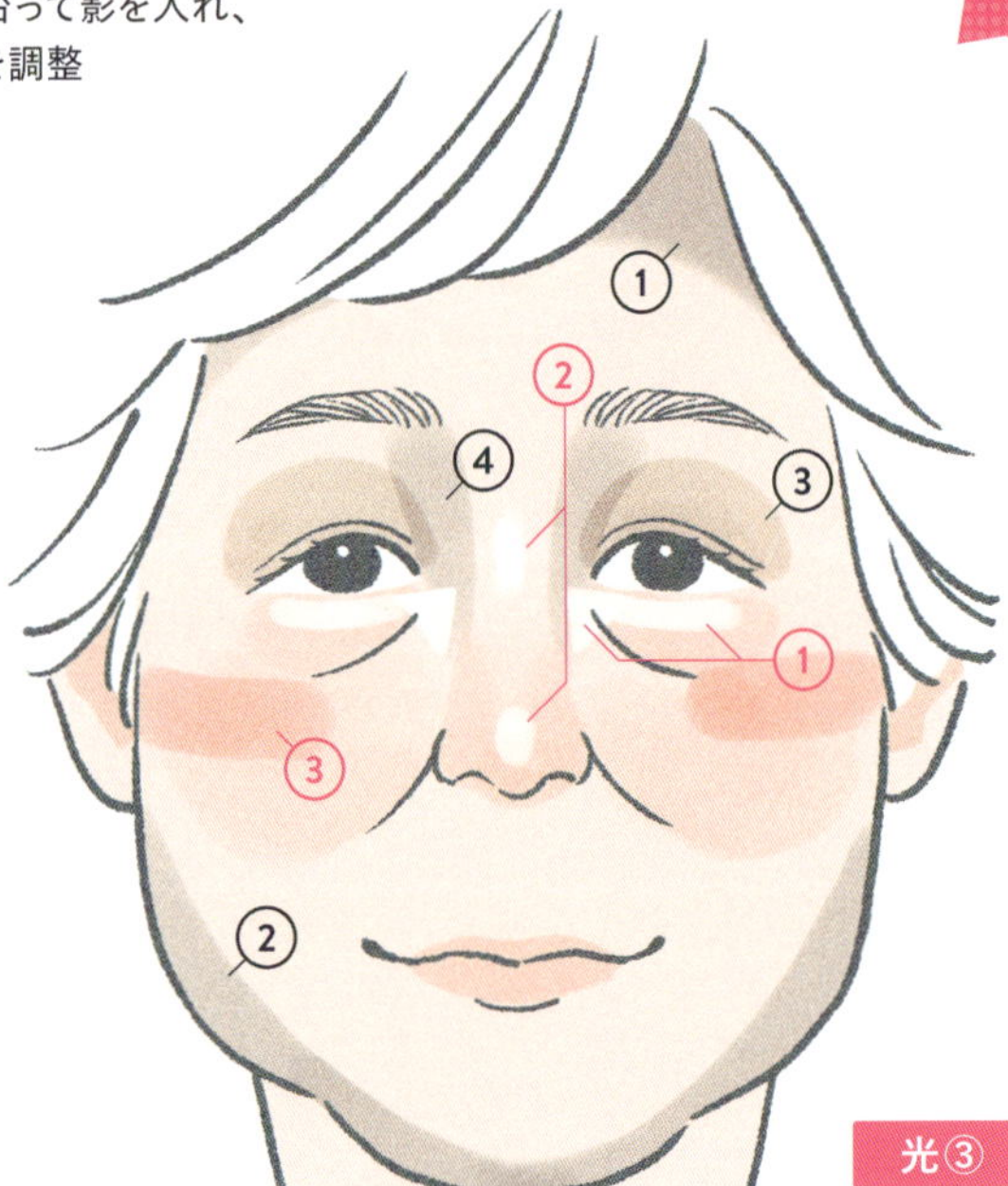

光②

鼻筋全体にハイライトを入れると
不自然になるので、鼻の付け根と
鼻先にだけ丸く入れる

影④

眉頭の下のくぼみを
なぞるように影を入れ、
そのまま鼻の側面まで
はらうようにすると、
顔全体に引き締め効果が

光③

「仕込みチーク（P66～69）」で、
自然なリフトアップを実現。
頬の横の広がりも解消できる

影③

アイホール全体にブラウンを塗って
彫りを深く見せつつ、まぶたの中央には
ハイライトカラーを入れて目元を明るくする

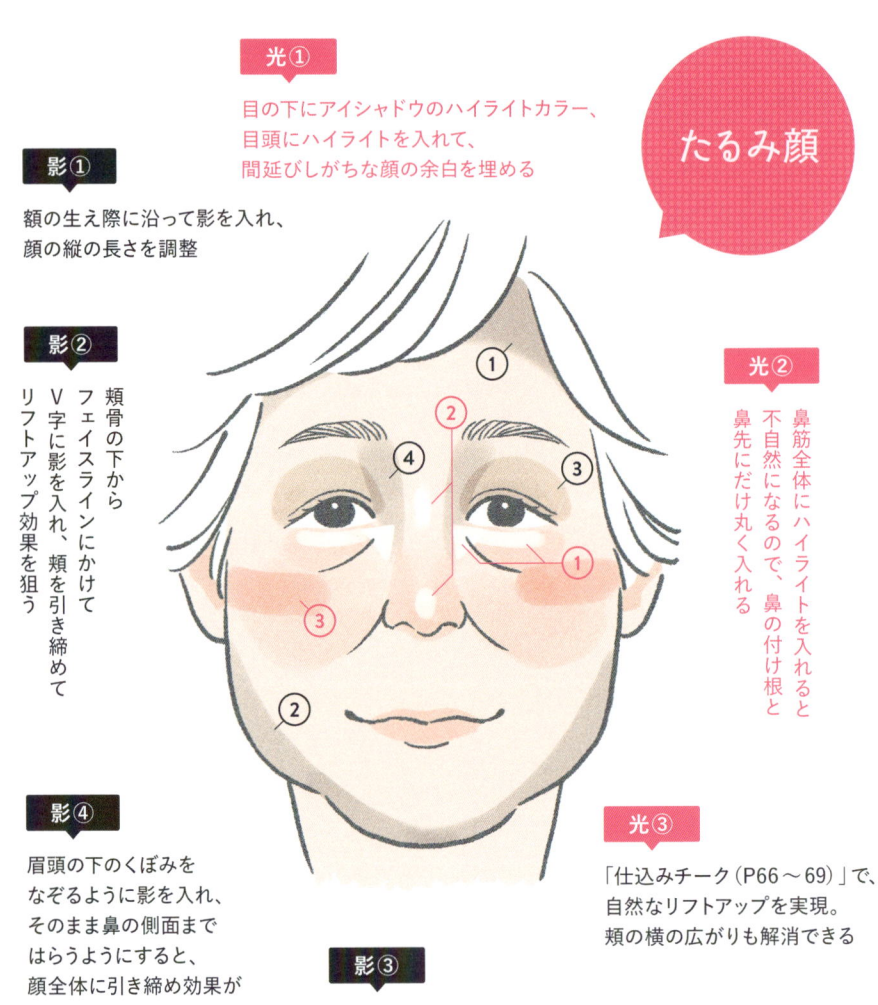

なじませると、自然で
キレイな顔になります！

コケ顔

光①

トーンアップする下地で、
顔全体に自然な陰影を作る

光②

まぶたがくぼんでいる場合は、
ハイライトカラーのみを
まぶたの中央に入れて
目元を明るく見せる

光③

「仕込みチーク」を入れて、
自然な立体感と
ふっくらした頬に

影①

基本的にシェーディングは入れる
必要なし。アゴの下にたるみが
ある場合は、V字に影を入れる

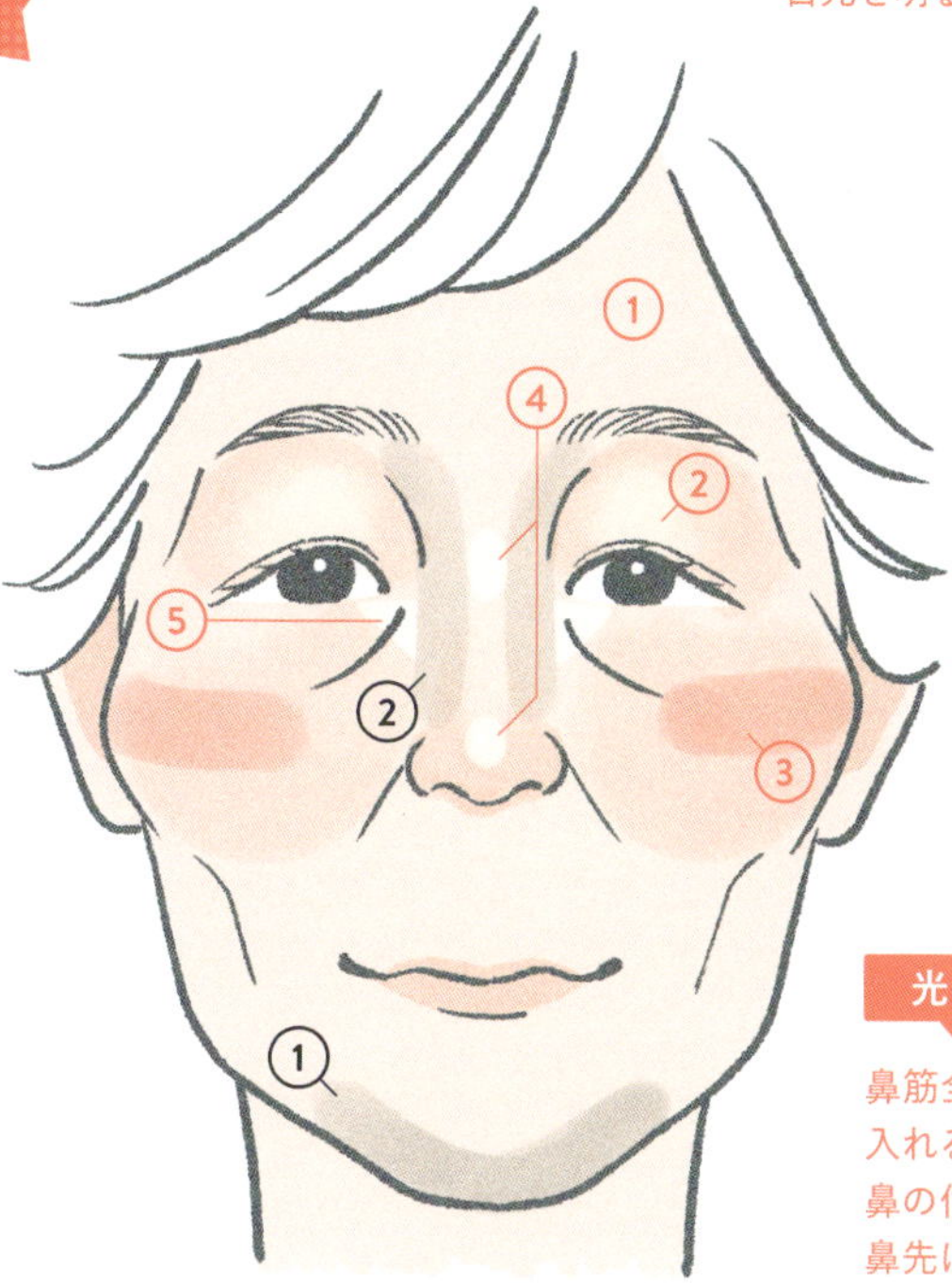

光④

鼻筋全体にハイライトを
入れると不自然になるので、
鼻の付け根と
鼻先にだけ丸く入れる

光⑤

目頭にハイライトを入れて、
目元のくぼみにハリ感をだす

影②

眉頭の下のくぼみをなぞるように影を入れ、
そのまま鼻の側面まではらうようにすると、
顔全体に引き締め効果がでる。
くぼみが強調されないよう控えめに

MESSAGE 05

古い習慣を潔く変えると新しい自分に出会える

白＝キレイは間違い 美白は七難隠さない!?

きっと大人女性は「顔を白くすれば美しく見える」とされていた時代を駆け抜けてきましたよね。私自身もその時代の影響を受けていたので、肌は白くメイクしたい！　という気持ち、よくわかります。ただ、**白は膨張色であるゆえに顔全体を膨らませ、かえって顔が平面的&大きく見える原因になります**。そのため、50代以上の女性が、若い頃と同じ明るいファンデーションを使うと、肌に合わなくなることがよくあります。なぜなら、年齢とともに肌の色も変わっていくから。ですから、明るい色にこだわらず、潔くファンデーションの色を今の肌になじむ色にアップデートしたほうがよいのです。

そのほかにも、メイクの習慣をアップデートしたほうがよいことがあります。先ほどのページで「光」が大事といいましたが、**ラメやパールが強めのアイシャドウを使うと、顔の余白が強調されたり、シワや毛穴に入り込むことで、さらに目立ったりする可能性がある**んです。ですから、大人女性にはマットか繊細なパールのアイシャドウがおすすめ。頬骨の上にラメ系のキラキラしたハイライトを入れるのも、同様の理由で避けたほうがキレイに見えます。

また、私たちの世代は、アイラインを目の下まで入れて、目元をはっきりさせるテクニックがよしとされていました。しかし、今それをすると、目と頬の境目の区切りがはっきりする分、頬の大きさが目立ち、老け見えの原因になってしまいます。

若い頃のやり方や習慣に縛られていると、新しい自分には出会えません。方法がわからないからやらないというのも、もったいないです。ですから、今の自分に合ったメイクの方法やアイテムを手にして、簡単な方法から大人向けメイクをはじめてみませんか。

MESSAGE 06

大人は血色感のあるブラベ肌を目指すべし

イエベ、ブルベが関係ない年齢になる

最近よく美容系の雑誌や記事に登場する「イエベ」「ブルベ」という言葉、ご存じですか？　**イエベ（イエローベース）やブルベ（ブルーベース）とは、自分の肌・目・髪の色から似合うメイクや服の色を選ぶ方法**です。イエベは、肌に黄みがかった色合いがあり、暖かみのあるナチュラル系の肌色が特徴だとされています。一方、ブルベは肌に青みがある、どちらかというと色白なタイプといわれています。若い頃は、自分のタイプに合ったアイテムを選んでメイクを楽しむことができました。でも、50歳を超えると、どちらのタイプであってもあまり関係ないと私は思って

体調を気遣われるのは、血色のせい!?

います。

なぜなら、**大人は「イエベ」「ブルベ」に当てはめるだけではカバーできない問題がでてくる**から。それは、血色の問題です。年齢を重ねると、肌の血色が悪くなり、顔全体がくすんで見えることが増えてきます。なんだか疲れて見える…というのもそのせいです。そのため、イエベやブルベというタイプの枠にとらわれるよりも、まずは**血色感を意識したブラッドベース肌、通称「ブラベ肌」を目指す**ことがメイクのポイントになってきます。

血色感のある肌は、まさに「生きている証」。50代以上の女性にとっては、まずはこの「血色」を取り戻すことが、若々しさや健康的な印象を与えるための第一歩です。

MESSAGE
07

大人メイクにはすべて意味がある

自分がどうなりたいのか
なにを大切にしているのかでセレクトする

若い頃は、何気なくメイクをしても、それなりにキレイに仕上がったものです。それに、この色が好き！ メイクアイテムの見た目がかわいい！ そんな気持ちでメイクを楽しんでいた方も多いでしょう。好きなものを自由に楽しむのもメイクの楽しみ方のひとつですが、私としては、**大人のメイクはただ好きなものを塗るだけでなく、「なぜこうするのか」という意味を考えながらメイクをすることが重要**だと思っています。

本書で紹介するメイクは、たんに「キレイに輝いて見せる」ためだけのものではなく、大人の女性が抱えるさまざまな悩みを解決するための方法でもあります。たとえば、「顔が大きく見える」と感じる方には、顔を引き締めて見せるシェーディングやアイメイクの方法が。顔がくすんできたと感じる方には、血色感を取り戻すチークやリップメイクなどがあります。それぞれの悩みに対して、それぞれの解決策が存在します。悩みを補うメイクができれば、自分らしさを活かしながら、気になる悩みを解決することができるのです。そして、変化や悩みに対処できる「意味のある」メイクを取り入れたほうが、ずっとずっとキレイに見えるのは間違いないです。

大人のメイクは、自分を飾りすぎる必要もないし、ムリに若作りする必要もないと思っています。大切なのは、自分が「どうなりたいか」「なにを大事にしたいか」を考えることです。そして、なによりも大切なのは、自分が幸せを感じられることです。

PART 2で紹介するメイクは、50代から90代の方まで…いえ、それどころか100歳まで、一生涯活用できるシンプルな手順を紹介しています。今日が人生で一番若い日。どんなに歳を重ねても、いつまでも美しく輝く自分でいられるメイクの方法を知ってくださいね。

MESSAGE 08

人生、楽しげな顔が福を呼ぶ

自分も人も幸せにする「笑顔の魔法」を手に入れよう

自分に合ったメイクを見つけ、自信をもてる顔になれると、自然と笑顔が増え、気分が明るくなります。そうすると、おしゃれしてみようかな、ヘアスタイルを工夫してみようなど、気持ちが前向きになり、人に会いたくなったり、外にでかけたくなったりするはず。姿勢もよくなり、シャキッとした気持ちで歩いていけるようになります。私はこの**「気分を明るく」保つことが、大人世代には一番大切なこと**だと感じています。気分がよい自分は、周囲とのコミュニケーションを上手にとれますし、笑顔でいることが人を引きつけ、人とのつながりを深めてくれます。その結果、人生がポジティブに好転し、豊かで楽しい方向に向いていけたら最高ですよね。ノーメイクでも自分に自信をもち、幸せにすごせるなら、それは素晴らしいことです。でも、もし**「もう少し自信をもちたい」「もっと自分を輝かせたい」と感じているなら、メイクはその願いを叶える最も手軽な手段**といえます。

50代以上のお客様で「今が一番楽しい」とおっしゃっている方の多くは、年齢とともに新しい価値観や生き方を見つけています。一方で、本心ではもっと素敵な自分でありたいと願いながら、「キレイを諦めた」姿勢をとっている方も時折見かけます。しかし、そんな方でもなにかきっかけがあれば、無意識でかけてしまっている心のブレーキを外し、自然な笑顔と自信を取り戻すことができます。そのきっかけのひとつが、メイクなのだと思います。

笑顔は、人を幸せにするための最高の魔法です。魅力的な歳の取り方をするためには、外見の美しさだけでなく、内側から溢れる笑顔がとても重要です。人生100年時代。いくつになっても「福を呼び込む顔」でいることで、これからの長い人生を楽しんでいきましょう！

大人の美コラム

自分の力だけでも、さりげなく素敵に見せられます

ありがたいことに、私のメイクテクニックを知りたい方が多く、いろいろなメディアや雑誌に出演させてもらっています。そういった場面では、もちろん自分で「さりげなく大変身メイク」をして挑むのですが「もとがいいから、ナチュラルなメイクでも素敵ですね」なんて恐れ多いお世辞をいただくことがあるんです。実際は、かなりヤバめの寝起きの状態から、人前にでられる状態に仕上げるまでにどれほどの策をこうじてこの場にいる

BEAUTY COLUMN

のか、よくわかっているのでうれし恥ずかしの赤面ものです。でも、いろいろやってるのにさりげなく素敵に見えるってメイクの仕上がりとしては大成功なんですよ。

正しい大人向けメイクを知ると、顔や肌の悩みの多くは、意外と自分の努力で軽減できるようになります。シミはコンシーラーで目立たなくできますし、スキンケアを続ければシワの進行も落ち着いてきます。

ただし、目の下のたるみだけはメイクで隠しにくい箇所。目元のたるみは年齢とともにふくらみが目立ちやすくなり、メイクでカバーするのが難しいため、美容医療を検討するのもひとつの選択です。美しさを求める心には際限がないからこそ、まずは自分でできることと、プロの力に頼るべきところを見極めていきましょう！

PART 2

ONE & ONLY MAKE UP
METHOD FOR OVER 50S.

PART 2では、大人の顔の変化や
それらにともなう悩みを補うための
具体的なメイクの方法を紹介していきます。
ファンデーション、チーク、アイメイクなど
さまざまな手順を紹介していますが、
自分がしっくりする顔を作るための組み合わせを
ぜひ探してみてください。
メイクごとに解説・手順・Q&Aを入れているので、
気になるページから見てもらってもOK。
シンプルな手順でもこんなにキレイになれるんだ！
という魔法にかかったような体験ができるはずです。

さりげなく大変身できる！

大人メイクの魔法

MESSAGE
09

大人メイクの正解は「さりげなく大変身」

メイクの力を最大限に活かしながら自然で素敵だと思われる仕上がりを目指す

多くの女性が「キレイになりたい」「若々しく見せたい」と思っている一方で、「あの人、すごく頑張ってるよね」と周囲に思われるのはちょっと恥ずかしい、と感じているのではないでしょうか。**メイクで大変身したいけれど、「頑張ってます！」と見られるのは避けたい**。これは大人の女性に共通する矛盾した感情です。また、巷にはたくさんのメイク法が溢れています。どれが自分に合うのか、どれが自分の悩みを解決できるメイクなのかわからない人も多いと思います。そんなときこそ、本書の「さり

げなく大変身」のメイクが力を発揮します。

「さりげなく大変身」のメイクは、50代オーバーの女性なら誰にでも似合う普遍的な美しさです。たとえるなら「上質な普段着」のようなイメージ。それは派手な装いではなく、日常のどんなシーンにもなじむ、洗練されたシンプルさが魅力。カジュアルな服装でも、フォーマルな装いでも、このメイクなら違和感なくフィットします。

50代を超えると誰もが感じる「壁」があります。肌の変化やシワ、たるみが気になり、変化した自分の顔を目の当たりにして、諦める方も少なくありません。でも、ちょっと待って！**メイクでやれることはいっぱいありますよ！**

大変身といっても、厚塗りしたり、派手な色を使って、誰か別人になるわけではありません。**目標は10年くらい前の自分に戻すこと。失ったものをメイクで少しずつ補う**だけです。

メイクは、歳を重ねるほどやりすぎてしまい、それが老け見えの要因になります。でも、このメイク法なら大丈夫。すべてがたった3～4ステップで完了しますし、全部の工程を完璧にやる必要もありません。**顔色や肌質が気になるならベースメイクやチークを、顔の印象を目立たせたいなら眉毛を、というように、自分が気になる部分だけを選んでトライしてみてください**。それだけでも、十分自分が喜ぶ顔に仕上がります。もちろん、余裕がある日はすべてやってみると、いつもと違う自分に出会えるはずです。

「さりげなく大変身」のメイクは、ムリなく、でも確実に、自分を底上げしてくれるメイク法。取り入れると、周りの反応も変わってきます。「なんか最近いい感じだね」「なにかしてる?」など、うれしい言葉を受け取るようになります。それが、さらなる励みになって「キレイでいることって楽しい!」と感じられるようになるはずです。

「自分の手で、なんだかキレイになれた!」そんな魔法にかかったような体験を、ぜひ味わってみてくださいね。

「さりげなく大変身」メイクの流れ

ポイントメイク

肌を若々しくイキイキと
血色感溢れる顔に

目の形に沿った
光と影の使い方を意識！

7 アイメイク（アイシャドウ・アイライン・マスカラ） → P84

眉の形とアイテムを使う順番が大事！

8 眉 → P96

色味×ツヤ×ボリュームがポイント！

9 リップ → P102

しっくりくる
組み合わせを
探してみましょう！

ベースメイク

肌から自然なツヤ感と
顔の立体感をだす

好きなものを使ってOK！

1 スキンケア → P50

ツヤ×カバー力を
兼ね備えるアイテム選びを！

2 ベースメイク → P54

選ぶ色味と塗り方がカギ！

3 シミカバー → P60

横一直線の入れ方をマスター！

4 チーク → P66

顔のたるみを色味で簡単カバー！

5 シェーディング → P72

メイク崩れを防ぐのに欠かせない！

6 フェイスパウダー → P78

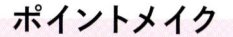

「さりげなく大変身」メイク
悩み別組み合わせ例

メイクを組み合わせてといわれても、
結局なにをセレクトすればいいかわからない…という方も多いのでは。
よくある大人の悩みやなりたいイメージに
おすすめのメイクの組み合わせを紹介します！

なんだか垢抜けない気がする…

平行眉 … P96
×
リップ … P102
×
シェーディング … P72

眉毛とリップは顔の印象を大きく左右するパーツです。特に、眉毛が古くさいとイマイチな印象に。さらに、シェーディングでフェイスラインがシュッとすると、簡単に垢抜け顔になれます。

実年齢より老けて見られます…

フルコース！

生まれ変わるくらいの気合いを入れて、「さりげなく大変身メイク」をすべて実践してみて！　全部やっても30分程度で終わりますし、慣れてくればもっと早くなります。10年くらい前の自分に出会える素敵な体験ができますよ！

人とのコミュニケーションを円滑にしたい！

チーク … P66
×
平行眉 … P96
×
アイメイク … P84

陽気で明るい雰囲気になるチークと優しげな印象になる平行眉を取り入れてみましょう。さらに、アイメイクで目元を大きく見せると、瞳に光が宿り、周囲の人に積極的で前向きなイメージを与えられます！

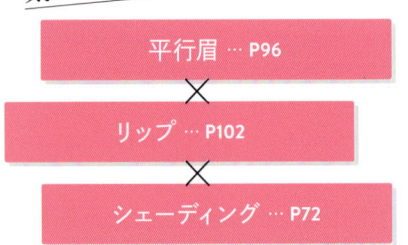

仕事でもっと頼られたい！

ツヤ肌（下地＆ファンデ）… P54
×
アイメイク … P84
×
平行眉 … P96

アイメイクと眉が生みだすしっかりとした眼差しは、周囲の人に自分の意志をはっきり示したいときに効果的。仕事で頼られたいとき、気合いを入れたいときなどに試してみて！

最近太ってしまった…！

平行眉 … P96
×
シェーディング … P72

平行眉で顔の余白を埋めましょう。さらに、シェーディングで顔のフェイスラインを引き締めれば、－3kgぐらいに見えるかも!?

機嫌悪い？ 怒ってる？ って聞かれる

平行眉 … P96
×
リップ … P102

細くて角度のある眉毛が原因かもしれません。優しい印象になりたいなら、太めの平行眉がおすすめ。さらにリップで顔に明るさをプラスしてみて！

元気なのに具合が悪い？ と聞かれる

ツヤ肌（下地＆ファンデ）… P54
×
チーク … P66

体調が悪く見えるのは、顔の血色が悪かったり、肌がくすんだりして見えるから。自然な肌ツヤと血色をだせるメイクを取り入れましょう！

MESSAGE 10

メイクをする前に肌を整える基本のスキンケア

マッサージを加えるとさらに顔がスッキリ見える！

メイクをする前に簡単なスキンケアを行うことで、化粧ノリが格段によくなります。特に朝は、肌が乾燥しやすく、むくみが気になる時間帯です。特別なスキンケアが必要というわけではありませんが、**肌にしっかりと潤いを与える保湿はとっても重要です！** 大人の肌は乾燥しやすいため、そのままメイクをすると化粧が崩れやすかったり、ムラができたりすることがあるんです。

朝のスキンケアは、化粧水と保湿美容液だけで十分です。夜のスキンケアで乳液やクリームを使用している場合は、朝はこのシンプルなステップで問題ありません。洗顔も、ぬるま湯で軽く顔を洗うだけで大丈夫です。必要な皮脂をとりすぎず、肌の乾燥を防ぐことができます。

化粧水や美容液を塗る際は、**顔の中心から外側に向かって軽く引き上げるように広げましょう**。この動作がスキンケアと同時に軽いマッサージとなり、リンパの流れを促進してむくみを解消してくれます。化粧水のおかげで滑りがよくなり、肌に負担をかけずにマッサージができるのもうれしいポイントです。**化粧水や美容液は、顔だけでなく首やデコルテ（首筋から肩周り、胸上までの範囲）にも広げることを忘れずに**。年齢は顔だけでなく、首やデコルテにもあらわれるためです。**「デコルテまでが顔」**だと思ってケアしましょう！

朝の顔のむくみやたるみが特に気になるときは、こぶしを使ったマッサージもおすすめです。フェイスラインに沿ってこぶしを使って、圧をかけて流すことで、顔周りの血行がよくなり、メイク前に顔をスッキリと整えることができます。

夜のスキンケアについては、ＰＡＲＴ３をぜひご覧ください。

メイク前の「スキンケア」

HOW TO

① 顔全体に化粧水をつける

手のひら、もしくはコットンに化粧水をだし、顔全体につける。

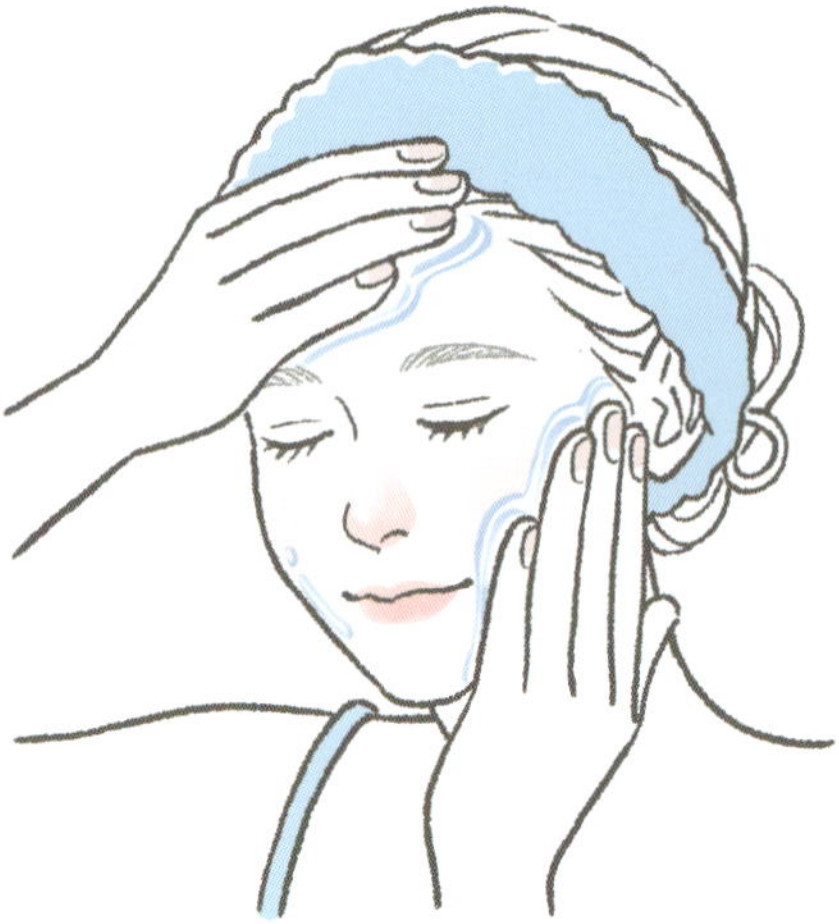

POINT

肌をこすらないように注意。軽く滑らせるように、全体になじませていきましょう。

② 化粧水を肌になじませる

両手で顔を優しく押さえ、ゆっくりと深呼吸しながら、顔を引き上げるように外側に向かって伸ばしていく。

POINT

ゆっくりと呼吸することで、化粧水の成分が肌になじんでいきます。

USE ITEM

- **化粧水**
  好きなものを使ってOK！
- **保湿美容液**
  好きなものを使ってOK！

③ 保湿美容液を顔全体に塗る

保湿美容液を手にとり、顔全体に優しく塗り込む。化粧水と同じように、深呼吸しながら外側に向かって伸ばす。

POINT

年齢があらわれやすい、首やデコルテにも塗り広げて。

鈴木みほのメイクの魔法！ひと言コラム

リンパ流しは「即戦力」！

フェイスラインが気になる方は、耳裏からアゴ先に滞りがあることが多いです。こぶしを軽く握ってアゴの下に当て、そのまま耳の下まで引き上げたら、首まで流しましょう。リンパの流れを促せます。

やや強めに力を入れてOK。ゴリゴリと痛みを感じる人は、コリがある証拠。ほぐすとフェイスラインがスッキリしますよ。

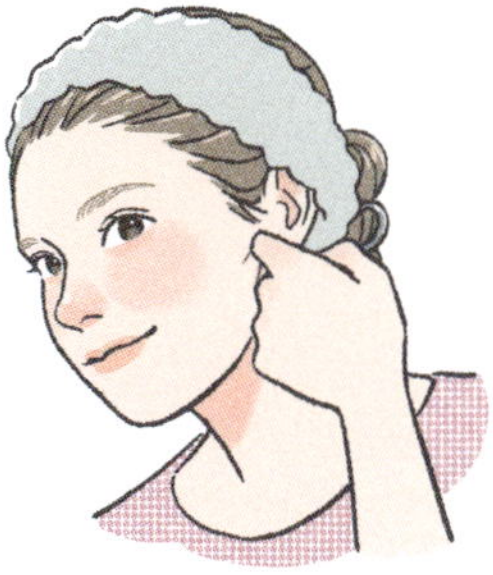

ハッピーオーラを生みだす「ベースメイク」

Base Make

こんな人に
おすすめ！

- くすみが気になる人
- ファンデーションを塗ると顔がのっぺりしてしまう人
- 毛穴やシワが気になる人

ツヤと立体感を生む下地こそ
大人女性の強力なお助けアイテム

大人の女性にとって、肌のツヤや血色感が若々しく元気な肌に見せるポイントです。なぜなら、肌の水分を保持する力が弱くなって、乾燥肌に偏っていくから。すると、肌の血色が悪くなり、くすんで見えることが多くなります。そこで、大切なのが下地選び。**ツヤ感のあるピンクやオレンジ系の下地を使えば、顔のくすみを飛ばし、さらに立体感までプラスできます**。下地の段階で肌をぐっとトーンアップしておくと、**使うファンデーションの量も少なくなって、自然な肌作りができる**ようになるのです。ブルーやグリーンの下地は、顔が青白く見えたり、影を強調して疲れた印象を与えたりするので避けましょう。

ファンデーション選びも重要です。**「ツヤ×カバー力×色」の3つを押さえながら、最小限の量で「薄く自然に仕上げる」ことを意識するのが最重要ポイント**です。粉系のものは、ツヤ感に欠け、シワに入り込んで老けた印象になりがちなので、リキッドやクリームファンデーションがおすすめ。明るすぎるファンデーションは、顔を平面的かつ膨張感を強めてしまうので、1トーン暗めの色を使いましょう！

さりげなく大変身の「ベース」メイク

HOW TO

① 下地を顔の影になる部分にのせる

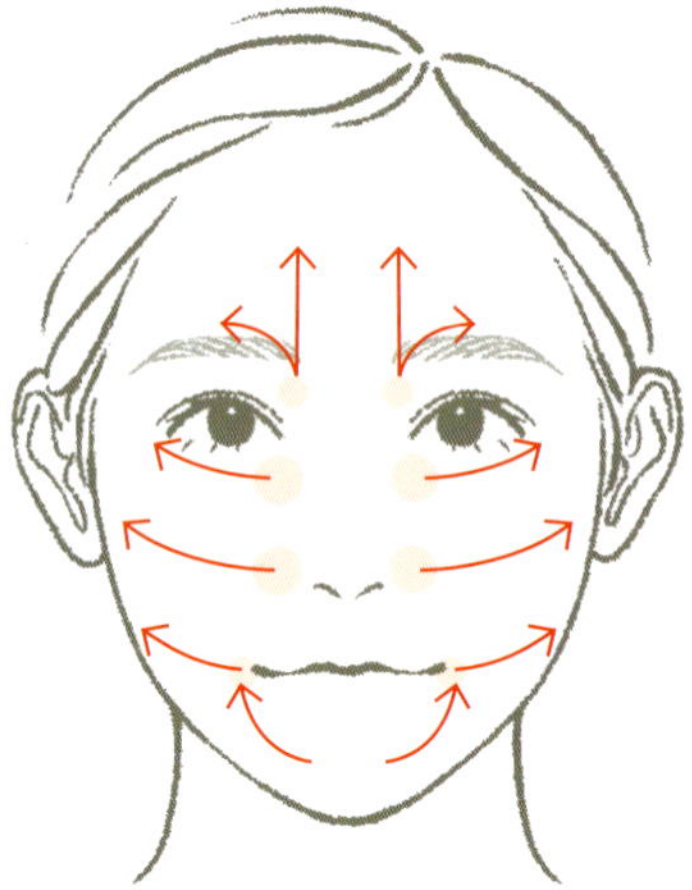

下地を手の甲にパール粒大ほどだし、指で顔の内側の影になる部分にのせる。手で顔の内側から外側に伸ばす。アゴ周りは、残ったもので口角に向けて塗る。

POINT

目頭の下、小鼻の横、口角の下、眉頭の下の順に置きます。外側に伸ばすことで必然的に塗る量が変わり、自然な立体感が生まれます。

② ファンデーションを①と同じ場所にのせる

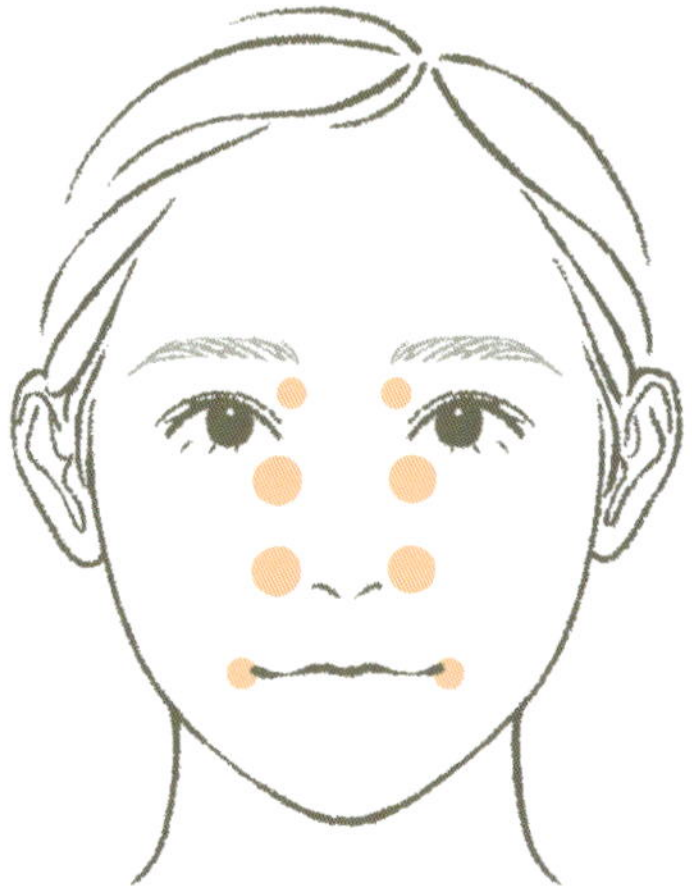

ファンデーションも手の甲にパール粒ほどだし、指を使って顔の内側の影になる部分にのせる。

POINT

シミを隠そうとして厚めに塗ると、逆に崩れやすくなるので少量でOK。手の甲にだすことで、塗りすぎを防げます。

USE ITEM

- **下地**
  ピンクまたはオレンジ系の色味で
  ツヤ感とカバー力、保湿力があるもの
- **リキッドまたはクリームファンデーション**
  ツヤ感とカバー力があるもの。
  ナチュラル〜オークル系で、自分の肌より暗めを選ぶ

③ 顔の内側から外側へ塗り広げる

①と同様に、外側に向かって塗り広げる。メインで塗る部分は、目の下から頬にかけて。小鼻や目の周り、眉の周辺あたりは、残ったファンデーションを薄く伸ばす。

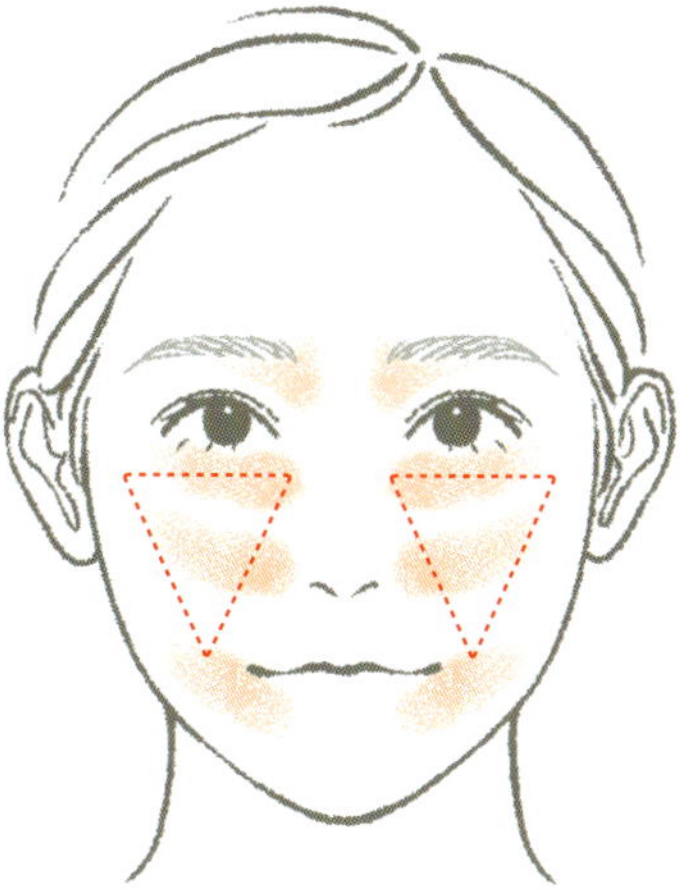

POINT

手で優しくトントンと叩き込むようにのせると、肌にしっかりと密着します。イラストの▽部分がキレイだと全体がキレイに見えます。

鈴木みほのメイクの魔法！ ひと言コラム

ファンデーションは暗めの色で調整する

いつも選ぶファンデーションのほか、1トーン暗めのファンデーションを1本買い足すのがおすすめ。2色を混ぜることで、現在の肌の色に合う色を作ることができます。首の色と合わせるのが基本ですが、首の色よりやや暗めを選ぶと小顔効果も期待できます！

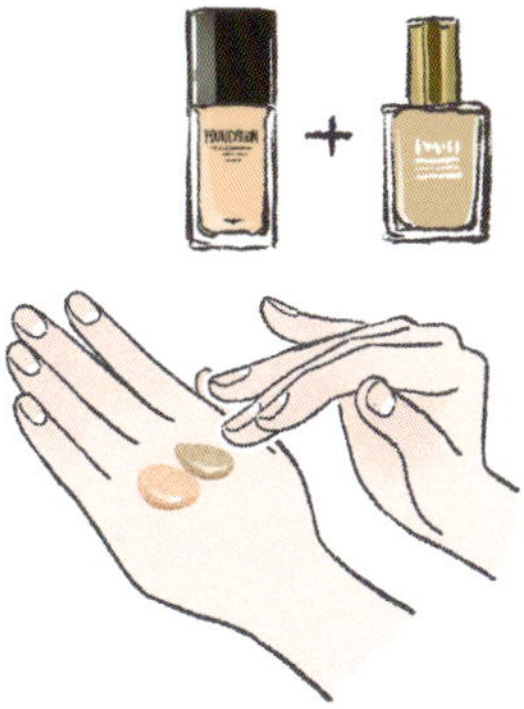

MAKE UP for OVER 50S.

「ベース」メイク Q&A

Q. 日焼け止めは必要ですか？

A 紫外線も肌の乾燥につながるので、UV入りの下地がマストです！

日中何度も日焼け止めを塗りなおすのはメイク崩れの原因になり、メイク直しも面倒なので、最初からUV効果のある下地を使いましょう！

Q. 崩れにくいベースメイクのコツは？

A 下地とファンデーションをしっかりと肌に密着させましょう。

肌への密着度を高めると、メイクの持ちがよくなり、生まれもった肌のような自然な印象になります。濡らしたスポンジで叩き込むように伸ばすのも効果的です。

← スポンジは不要な下地やファンデーションを取り除く効果もあります。ポンポンと優しく叩き込むように伸ばしましょう。

→ 鼻筋全体にのせてしまうと、顔が長く見えることがあるので注意が必要です。

Q. ハイライトでツヤ感を足してもいいですか？

A ハイライトは毛穴やシワが目立ちやすいので、部分使いが◎。

老け見えを防ぐためにも、パールが繊細なものを選びましょう。P30やP31のように目頭や鼻先、鼻の付け根に、ちょんとのせる程度がおすすめです！

Q. 夕方になると顔色がくすむんですが、どうすればいいですか？

A くすみを防止できるトーンアップ下地を選びましょう。

さらに、保湿をしっかり行えば、肌の乾燥によるくすみを抑えることが可能。ファンデーションも、肌に自然なツヤを与えるものを選びましょう。

オレンジ色でシミが消滅！

「シミカバー」

Stain Cover

こんな人におすすめ！

- ☑ 目の下のクマが気になる人
- ☑ 頬や顔の中央にシミや肝斑《かんぱん》がある人
- ☑ 厚塗りメイクは避けたい人

シミカバーのポイントは「色」
厚塗り感なく、自然にカバー

目の下のクマや頬のシミは、疲れた印象を与えがちです。気になるシミやクマを隠すときに、よくある間違いが「明るいコンシーラーを使うこと」です。シミやクマを隠したい気持ちでつい選んでしまいがちですが、これでは白浮きして、かえって目立ってしまいます。また、肌色のようなナチュラルカラーも避けたほうがいいです。シミやくすみを隠そうと重ねづけしすぎて、逆にシワっぽく悪目立ちしてしまいます。

コンシーラーも「色×カバー力×ツヤ」が選ぶポイントです。**色はオレンジ系がマスト！** 肌の黄ぐすみや茶色の影をオレンジ色の効果で消し去ってくれます。また、カバー力が高いものを選べば、少量で気になる部分をピンポイントでカバーできるので、厚塗り感なく自然な仕上がりになります。その際、**コンシーラーをしっかりとなじませ、ファンデーションとの境目が目立たないようにするのがコツ**です。

近くで見ると気になるシミも、他人からは意外と気づかれてないもの。全体のバランスを大切に、ナチュラルなカバーを心がけましょう。

さりげなく大変身の「シミカバー」メイク

HOW TO

① 目の下にコンシーラーを塗る

コンシーラーをブラシにとり、影が一番深い目の下の三角部分にポンポンとのせる。

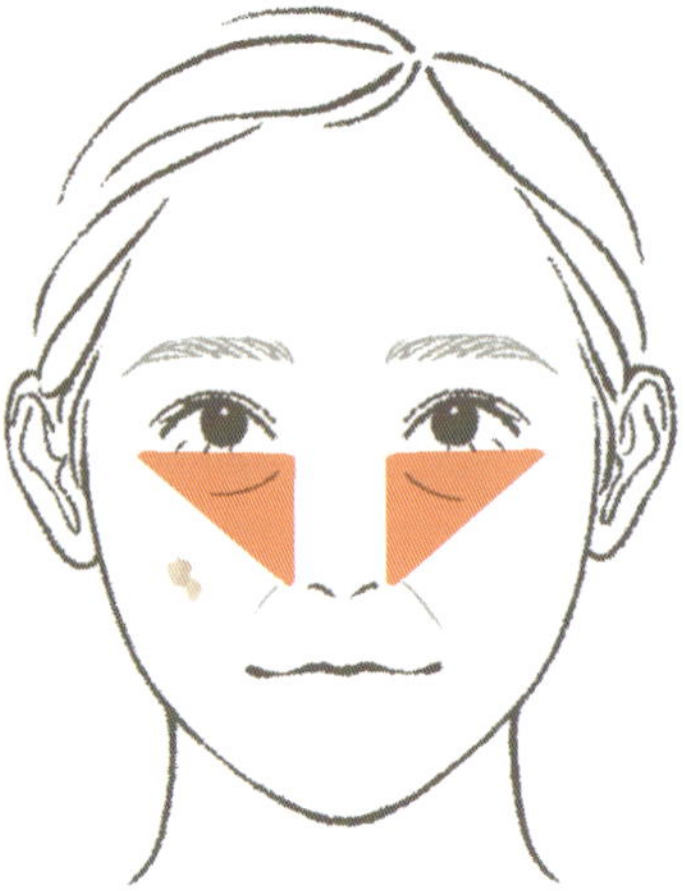

POINT

目の下は凸凹しがちな部分。小鼻の横（ほうれい線のはじまり部分）まで、広めにカバーすると、自然な仕上がり＆立体感が生まれます。

② ほかにも、気になるシミがあればコンシーラーをちょんとのせる

シミがあるところにちょんちょんとコンシーラーをのせる。肝斑《かんぱん》の消し方は左ページのひと言コラムを参考に。

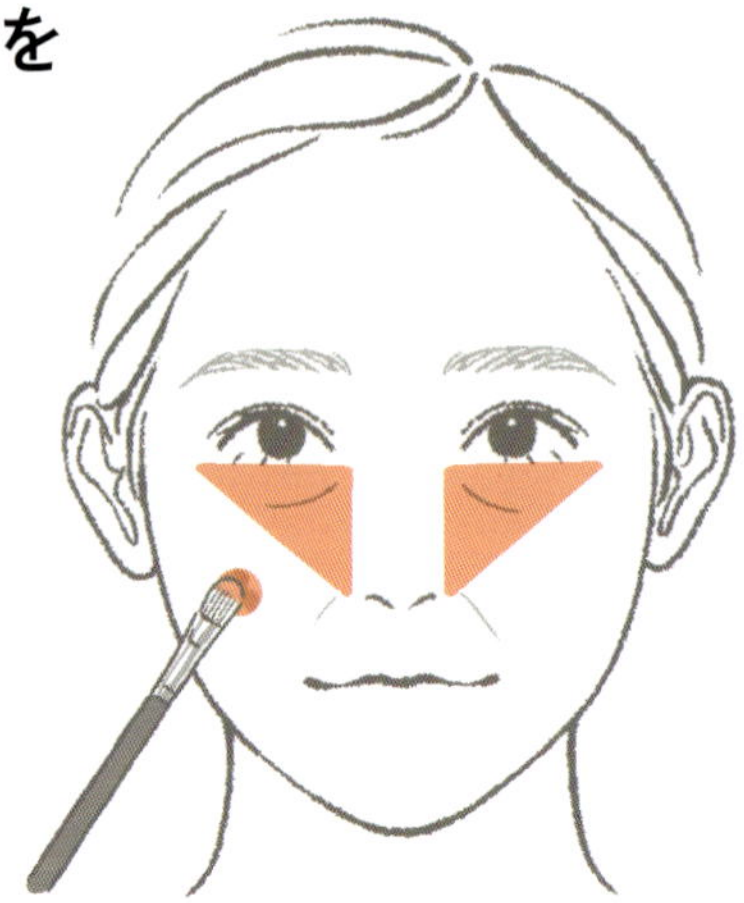

NG!

ほうれい線を隠そうと、ほうれい線全体にのせる方もいますが、逆に目立つ原因になるので避けましょう。

USE ITEM

- **コンシーラー**
  オレンジ系のもの
- **コンシーラー用ブラシ**
  ない場合は手で伸ばしてもOK！

③ ブラシで叩き込んでなじませる

ブラシ、または手でトントンと優しく叩き込みながら、肌になじませる。

POINT

ファンデーションとの境目がわからないくらいまでなじませます。クッションスポンジがあるなら、スポンジで伸ばしてもOK。

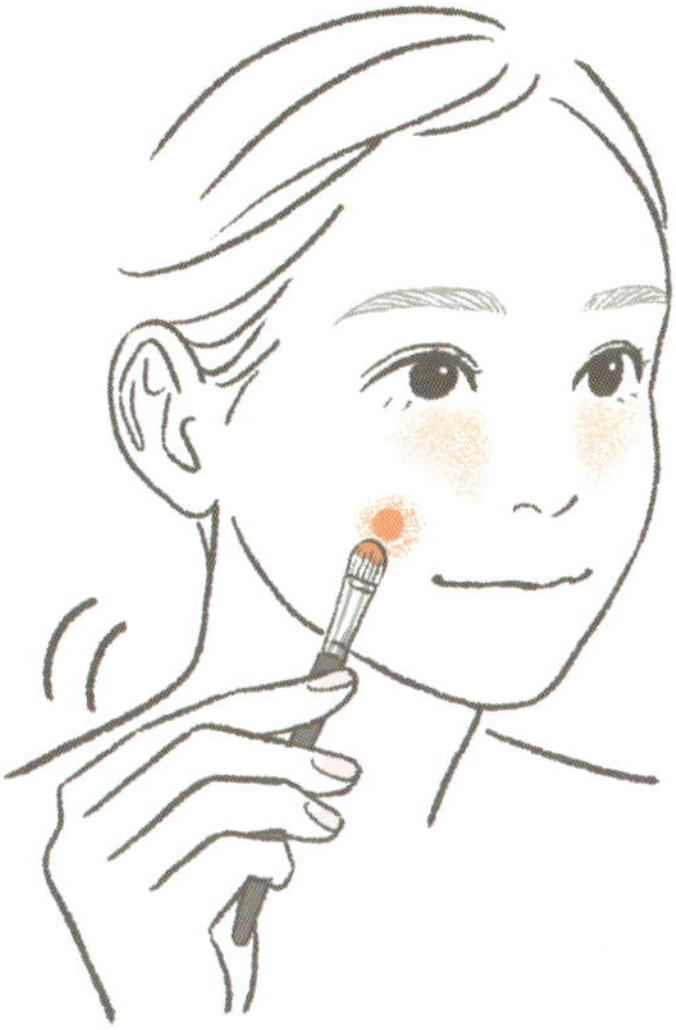

鈴木みほのメイクの魔法！ ひと言コラム

肝斑もオレンジ色がベスト！

肝斑が気になってる方、多いと思います。肝斑もシミと同様オレンジ色のコンシーラーを使うのが重要なポイント。オレンジ色を使うことで濃い茶色の色味を消すことができます。

　また、メイクする順番も大事です。肝斑や濃いシミを隠したいときは、「最後の最後にやる！」のがポイント。最後にコンシーラーを塗れば、フェイスパウダーなどをつける際に、コンシーラーが多少なりともとれてしまうのを防ぐことができます。手強い相手には、色&順番で対処しましょう！

MAKE UP for OVER 50S.

「シミカバー」メイク Q&A

Q. コンシーラーを塗ったあとにファンデーションじゃないの？

A **厚塗り感を防ぐために大人のメイクは逆にするのがおすすめなんです！**

ファンデーションで肌全体を整えたあとに、シミなどの部分的な問題をコンシーラーで補正することで、大人に適した自然な仕上がりになります。

Q. 大人の吹き出物も、オレンジ色のコンシーラーで隠せますか？

A **赤みのある吹き出物は、肌色に近いコンシーラーで消しましょう！**

吹き出物は、肌色に近い色&カバー力が高いもので対処します。ベースをすべて仕上げたあとに、パウダーファンデーションで隠す方法も効果的です。

← 吹き出物は、少し硬めのコンシーラーを指でちょんとのせて隠します。綿棒を使うのもありです。

Q. コンシーラーをつけた部分が乾燥して、ポロポロと剥がれてしまう…。

A

コンシーラーの量が多すぎることがヨレや崩れの原因かもしれません！

厚塗りはヨレたり、崩れたりする原因に。カバー力が高く、ツヤのあるものを使うと、少量でカバーでき、時間が経ってもしっかり肌に密着して崩れにくいです。

Q. できてしまったシミを改善する方法はありますか？

A

それ以上悪化しないよう毎日のＵＶケアを大切にしましょう！

完全に消したいなら、美容医療に頼るしかありません。シミがこれ以上濃くなることを防ぐ、または予防したいなら日々のＵＶケアと美白ケアを心掛けましょう。

→ 自分では気になるシミも周囲は意外と気づいてないもの。シミより、表情が暗いほうが周囲の人の目に留まるので、明るい表情を大切に！

オレンジの色味は
P108でチェック！

合言葉はニッコリ半分「チーク」

Cheek Make

こんな人に
おすすめ！

- ☑ 顔色が悪く見えると感じる人
- ☑ 頬のハリが気になる人
- ☑ 顔全体が大きくなったと悩んでいる人

「仕込みチーク」で叶える立体小顔
自然なリフトアップで10歳若見え

50代以上の女性にとって、チークの効果はたんなる色づけ以上のもの。入れ方ひとつで、顔の印象が大きく変わってきます。

大人メイクでは、顔の大きな部分をカバーしながら、自然な立体感をだすために、チークのつけ方と色味が非常に大切です。**チークを塗るときは、肌に血色感を「仕込む」イメージで。**昔のように頬に丸くチークを塗ると、顔が広がって見えるので、**頬の中心から耳に向かって大胆に横に引く入れ方を取り入れましょう！** 頬の位置をあげると、顔の中心にパーツが集まったように見えるため、立体感と小顔効果が生まれます。また、顔のたるみを引き締め、リフトアップ効果も。さらに、こめかみ部分に少し色を足すことで、顔の横に広がるハリを抑え、より引き締まった印象を作ることができます。

おすすめのカラーは、ピンクベージュやレッドベージュ。血色感をアップさせるだけでなく、シェーディング効果も兼ね備えており、顔に自然な陰影を作りだします。特に、クリームチークがおすすめ。より肌になじみ、ナチュラルに仕上がります。

さりげなく大変身の「チーク」メイク HOW TO

① 鏡に向かって ニッコリした顔を作る

表情筋をしっかり動かして、鏡の前でニッコリと笑顔を作る。

POINT

頬の一番高い位置がわかるように、ニッコリ顔を手順②まではキープします。

② 頬の中心から耳まで チークを入れる

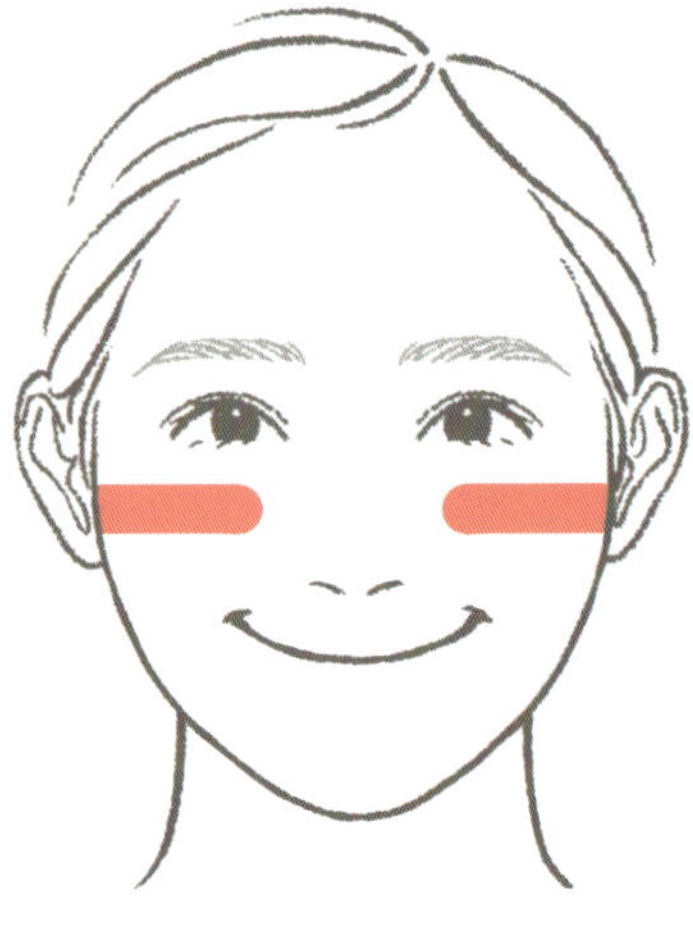

「ニッコリ」を半分にするように、頬の一番高い位置から耳に向かって、一直線にラインを入れる。

POINT

この位置に仕込みチークを入れることで、頬の位置をあげると同時に、顔のなかで最も張り出しのある部分を引き締められます。

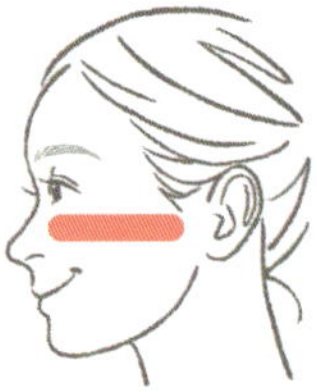

USE ITEM

- **クリームチーク**
  ピンクベージュまたはレッドベージュ系。スティック型がおすすめ
- **スポンジ**

③ スポンジでなじませる

スポンジを使って、ポンポンと押さえるようになじませる。

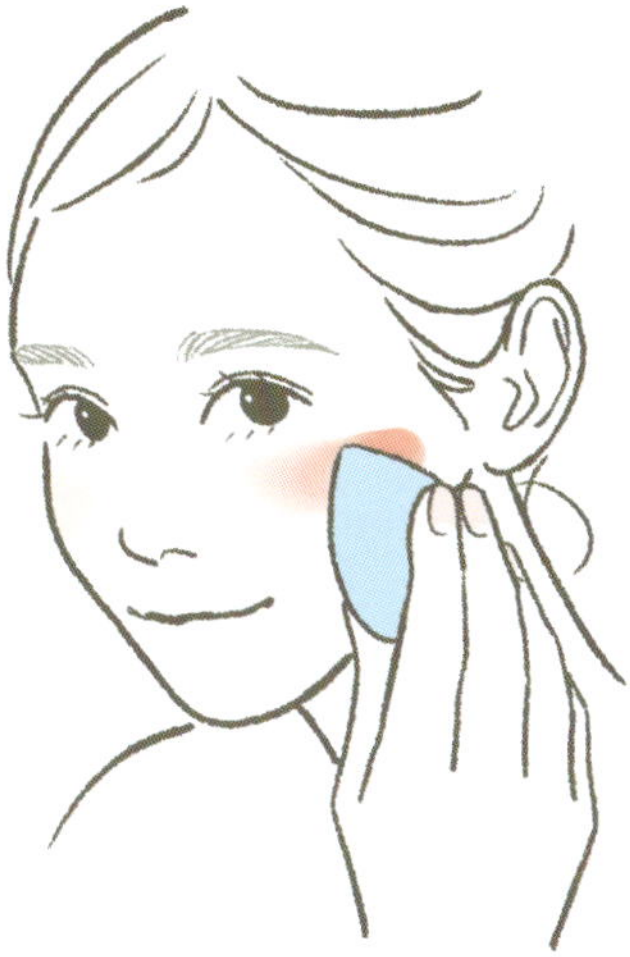

POINT

頬全体になじませたら、スポンジに残ったチークを顔全体にポンポンとのせると、全体の血色感がアップします。

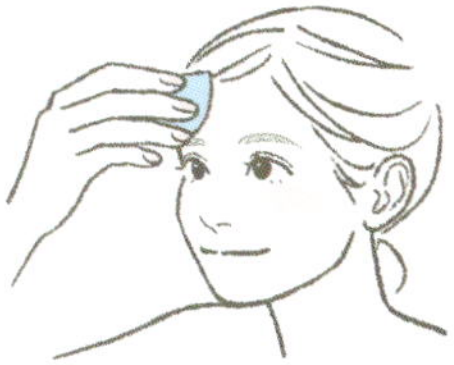

鈴木みほのメイクの魔法！ひと言コラム

パウダーチークは全体を整えてから

アイメイク、眉、リップなど全体のメイクを整えたあと、バランスを見ながら最後にパウダーのチークを加えてみてもいいでしょう。この場合、すでに血色感をだすための仕込みチークが入っているので、ピンクでもオレンジでも好きな色を選んでOKです。

ただし、つけすぎは顔が大きく見える原因になるのでNG。ブラシでふわっと軽めに入れましょう。仕込みチークはクリーム系、仕上げでプラスアルファしたいなら、パウダー系と使い分けるのがおすすめです。

MAKE UP
for
OVER 50S.

「チーク」メイク Q&A

Q. 元気な感じになるオレンジ系のチークはダメですか？

A 仕込みチークで使うと、くすみが強くなってしまうこともあります。

仕込みチークは、「血色をアップさせる色味」が理想です。ピンク・レッドベージュ系で仕込みチークを入れたあと、ポイントとして使うのであればOKです。

Q. パレットに入ったクリームチークでは仕込みチークはできないの？

A スティックのように手軽ではないですが、パレットタイプでも大丈夫！

パレットに入ったクリームチークは、手で頬の一番高い位置からこめかみまでポンポンと点で置いて、伸ばしていきましょう。実はリップでも代用できます！

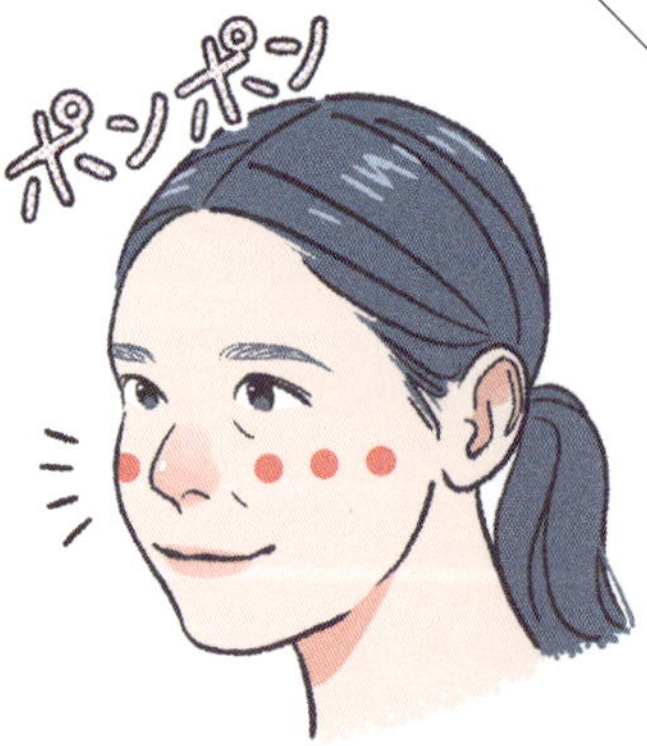

← 手順的にはスティック型と一緒。3～4ヵ所に点で置いて、なじませます。

→ パウダーチークは、仕上げでプラスアルファしたいとき用。濃く塗ると、おてもやんみたいになるので、避けましょう！

Q. パウダーチークの使い方が知りたいです！

A
チークのブラシを使い、頬骨の高い位置に軽くのせるのがコツです。

丸顔や面長の人は横長に入れると、縦の長さが和らぐ&立体感がでます。頬のコケが気になる方は、丸く入れるのが基本。頬がふっくらとした印象になります。

Q. チークをつけすぎてしまった…。どうしたらよいですか？

A
フェイスパウダーを軽く上から重ねましょう。

フェイスパウダーがなければ、ファンデーション用のスポンジで軽く押さえると自然な仕上がりになります。

チークの色味はP109でチェック！

大人の願いを叶える「シェーディング」

Shading Make

こんな人におすすめ！

- おでこが広く見えると感じる人
- 顔の余白が気になる人
- フェイスラインのたるみに悩んでいる人

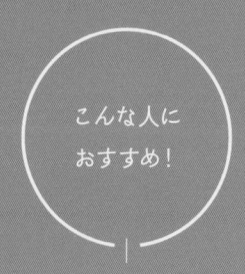

顔の余計な余白を消して
小顔に見せるシェーディングの力

顔が大きく感じられる原因のひとつは、年齢とともに増える「顔の余白」です。年齢とともに肌のたるみが進み、髪のボリュームが少なくなることで、おでこやこめかみが広がり、顔全体が大きく見えてしまうのです。特に、こめかみの広がりは、顔の大きさを「ドーン」と強調し、フェイスラインにも影響します。この余白を効果的にカバーしてくれるのが、シェーディングです。

実は、シェーディングは簡単で失敗しにくいテクニックです。**太めのブラシを使い、日焼けした肌のような色を顔の輪郭やアゴのラインだけでなく、おでこの生え際やこめかみにも入れてみましょう。**

年齢を重ねることで平面的になってしまった顔に、シェーディングを入れることで立体感が増し、顔全体への引き締め効果によって、表情も豊かになり、イキイキとした印象になるのです。まさに、大人うってつけのテクニックのひとつです。

P68の仕込みチークと併用すると、さらに自然なメリハリがだせますよ！

さりげなく大変身の「シェーディング」メイク

HOW TO

① シェーディングカラーをのせる

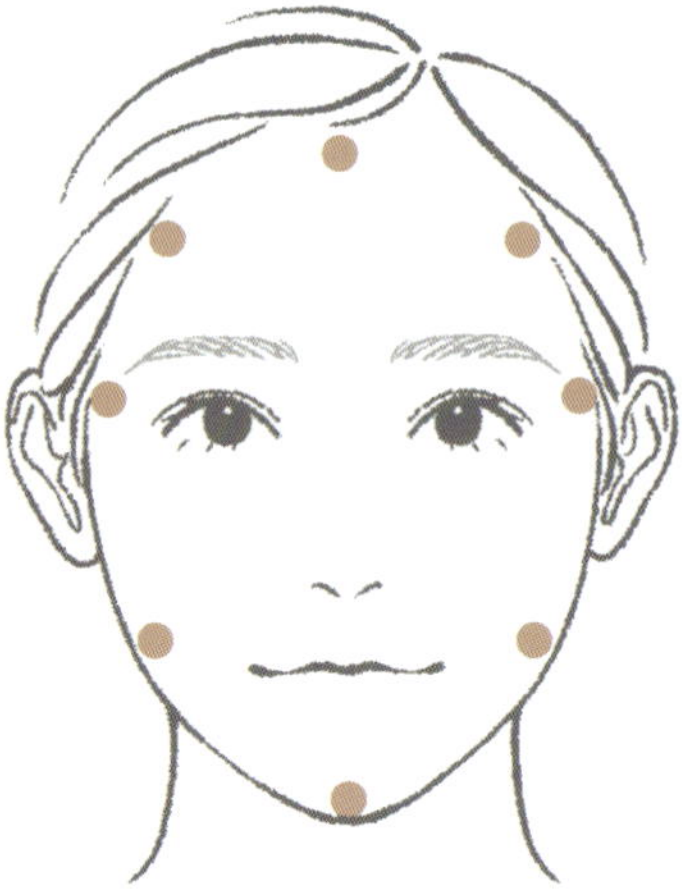

シェーディングカラーをブラシにとり、おでこの生え際、こめかみ、アゴ先にポンポンとのせる。

POINT

こめかみはちょっと多め、それ以外はほんの少しでOK。多いと影が目立ちすぎてしまい、不自然な仕上がりになります。

② 生え際とこめかみをブラシでぼかす

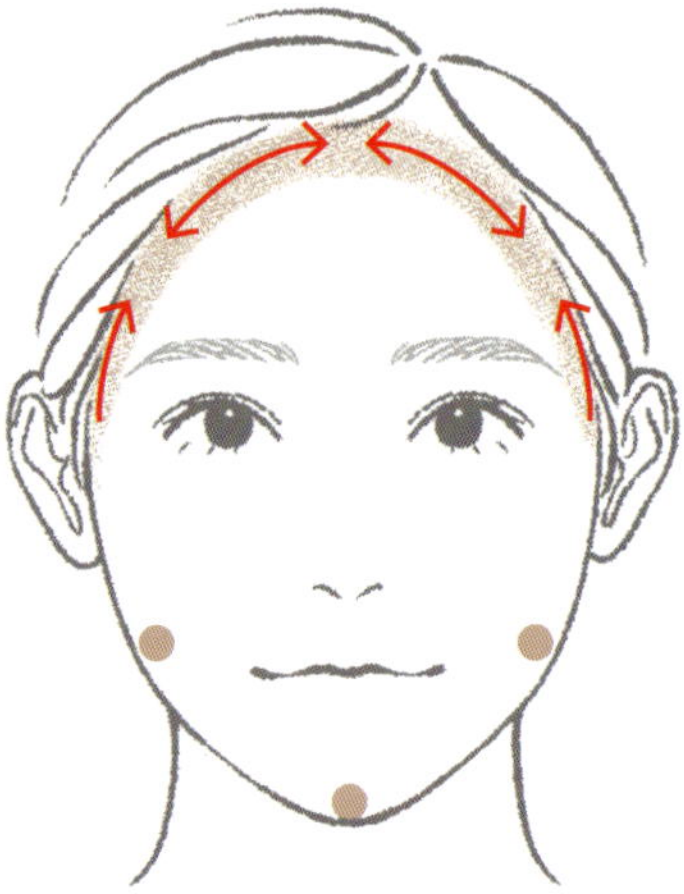

ブラシを使って、生え際とこめかみにのせたシェーディングカラーを髪の毛の生え際に向かってぼかす。

POINT

薄くなってきている髪の毛の生え際に色を足す効果があります。顔の内側にぼかすと、せっかく作った顔の立体感がなくなるので注意！

USE
ITEM

- **クリーム系のシェーディングカラー**
  色は日焼けっぽいブラウンオレンジ
- **シェーディング用ブラシ**
  スポンジもあるとベター！

③ アゴから耳に向かってぼかす

アゴにのせたシェーディングカラーは、ブラシを使って耳に向かってぼかし、フェイスラインに影をつける。そのあと、アゴ先がシャープになるように、三角形にぼかす。

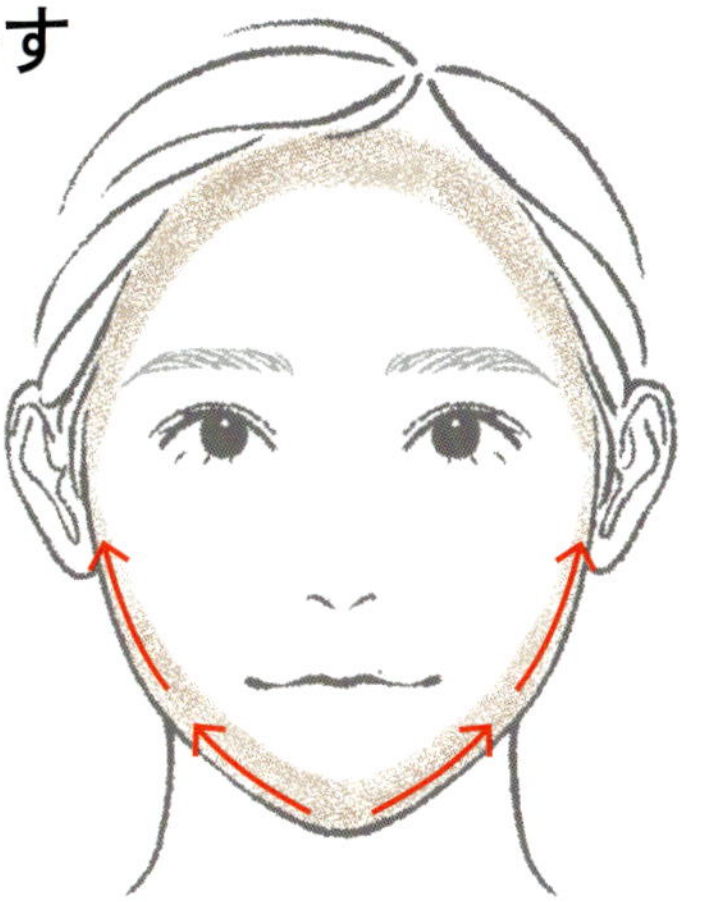

POINT

たるんでしまったフェイスラインに影をつけるイメージで。鼻下の長さ（人中《じんちゅう》）が気になる人は、ブラシに残ったもので鼻下にサッと入れるのがおすすめです。

鈴木みほのメイクの魔法！ひと言コラム

顔がコケている人は顔の下には入れないで

たるみ顔の方は、頬骨の下やアゴのラインにシェーディングを入れるのがおすすめですが、コケ顔の方は、コケた頬やアゴにシェーディングを入れると、ますますげっそり感が強調されてしまいますので、入れないほうがいいです。

ただし、顔がコケている場合でもこめかみのハリが目立っている人は、おでこからこめかみにかけて入れると、全体のバランスが整います。

前髪がある人でも、入れてみると効果が実感できますよ！

「シェーディング」メイク Q&A

Q. シェーディングの色はどうやって選べばいいですか？

A シェーディングの色は、肌より少し暗めのものを選びましょう。

自分が日焼けしたときの肌色をイメージして、普段の肌より1～2トーン暗い色を選ぶと、自然な陰影がつけられます！

Q. パウダー系のシェーディングはどうやって使えばいいですか？

A 太めのブラシを使って軽くふんわりとのせるのがポイント。

とにかく太めのブラシを使うのが大事！ 顔の外側が濃くなるように、外側に向かってブラシでサッと引き上げるように入れると、自然な陰影が作れます。

← 内側にぼかすと、色をのせた部分が目立つため、とにかく外側へ！

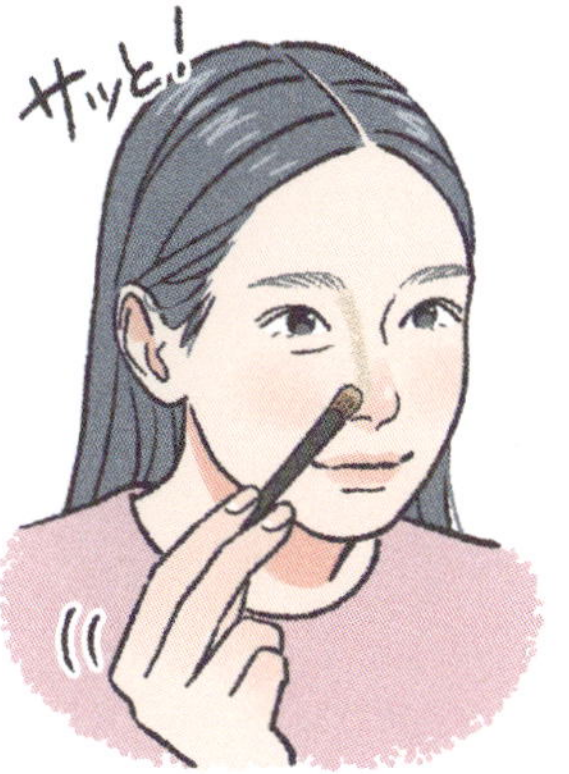

→ 鼻は顔のど真ん中にある、顔の華。形を変えると顔の印象も大きく変わります！

Q. 眉頭から鼻にかけてシェーディングを入れるのもありですか？

A

もちろんOK！ 鼻をスッキリさせると、エレガントな雰囲気になります。

アイシャドウブラシのような小さめのブラシで、鼻の側面に沿ってはらうように入れると、鼻筋が立ち、自然な立体感が生まれますよ。

Q. シェーディングをつけすぎた…！どうすればいいですか？

A

余分な部分をファンデーション用のスポンジで軽くぼかしましょう。

シェーディングは、軽めに入れて鏡でチェックしながら少しずつ調整するのがコツ。つけすぎると不自然になるので、薄いと思うぐらいで十分です。

顔にベールをかける魔法

「フェイスパウダー」

Face Powder Make

こんな人に
おすすめ！

- ☐ メイクが崩れやすい人
- ☐ 毛穴が気になる人
- ☐ 肌がテカる、または乾燥しやすい人

メイクを崩れにくくし
毛穴を隠してスベスベ肌に！

メイクをしても、時間が経つと崩れてしまったり、毛穴が目立ってしまったりするのは、どの年代の女性も経験する悩みです。そんなときに欠かせないのが、フェイスパウダーです。ファンデーションだけで毛穴をカバーしようとするとどうしても厚塗りになってしまいますが、**フェイスパウダーと組み合わせることで、自然でフラットな肌に仕上がります。**「今日はファンデーションを塗りたくないな」という日は、下地とフェイスパウダーだけでも十分キレイになれますよ。

パウダーは、粒子が細かく、ややマットなものを選ぶと、ふわっとベールをかけたような仕上がりに。塗るときは、おでこや小鼻、Tゾーンからはじめ、顔の内側は優しく持ち上げるようにしてつけるのが毛穴をカバーするコツです。

メイクをしっかりキープしたい場合は、パウダーもしっかりめにつけます。ナチュラルで素肌っぽいツヤ感を残したいなら、控えめにつけるのがおすすめです。どちらの方法でも、パウダーが入り込んで、シワになりやすい目周りは少なめにするのがベストです。

さりげなく大変身の「フェイスパウダー」メイク

HOW TO

① おでこにフェイスパウダーをのせる

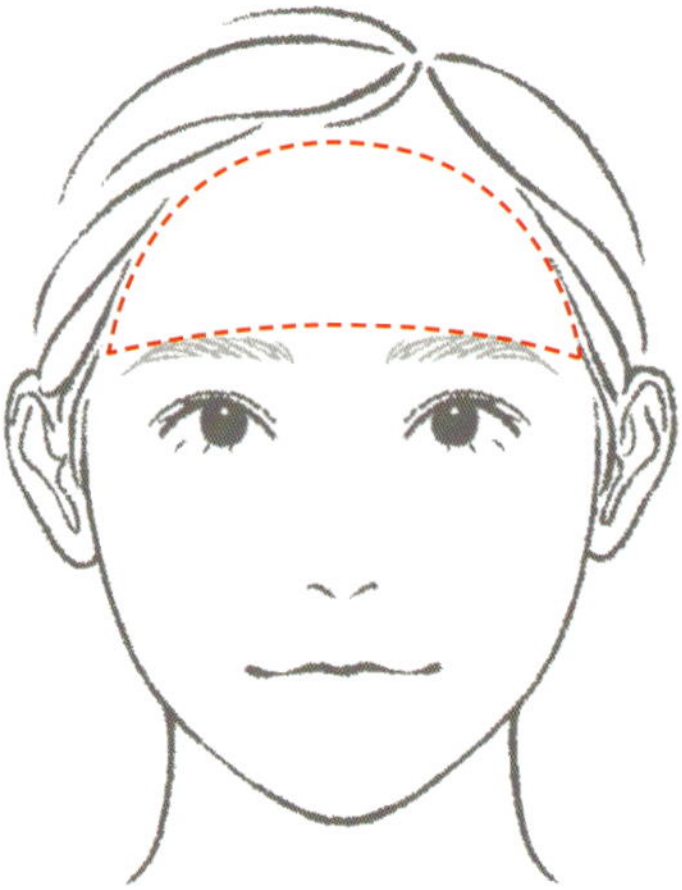

フェイスパウダーをパフにとり、おでこ全体に押さえるようにのせる。

POINT

一番崩れやすいおでこには、少し多めにのせます。夏は崩れやすいのでややマットになるくらい、秋冬は乾燥しやすいので少なめに。

② 小鼻と頬にフェイスパウダーをのせる

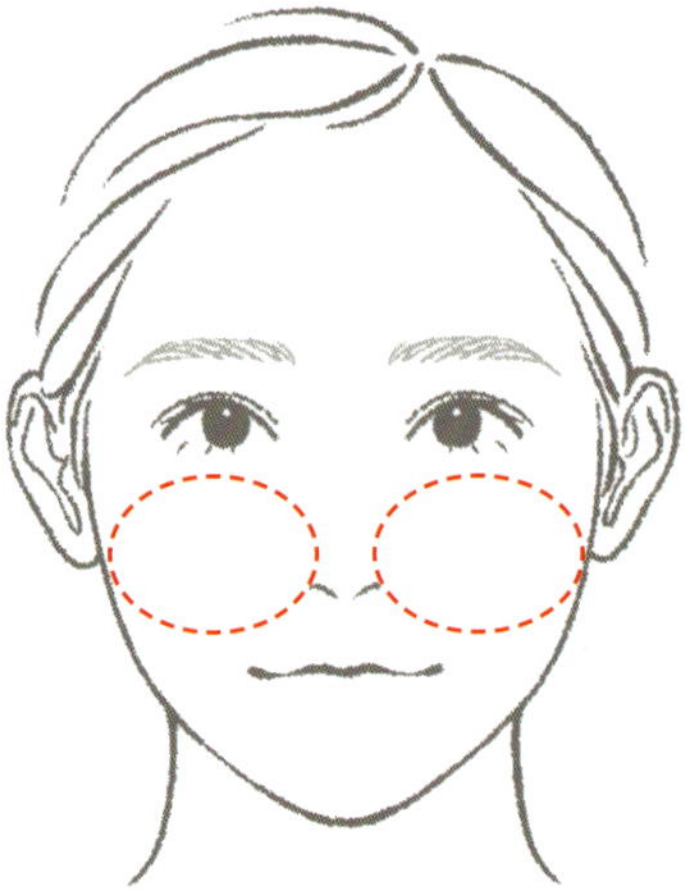

小鼻と頬も同じように、パフで優しく押さえるようにのせる。

POINT

小鼻の周りは、パフで下から皮ふを持ち上げるようにのせます。くぼみに余計な粉がたまってしまうのを防げます。

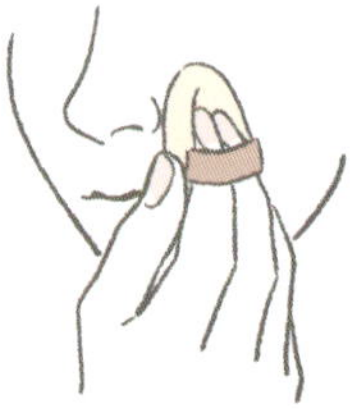

USE ITEM

- **フェイスパウダー**
  プレストパウダーのほうが使いやすい
- **フェイスパウダー用パフ**
  付属のものでもOK
- **フェイスパウダー用ブラシ**

③ そのほかの部分には軽くのせる

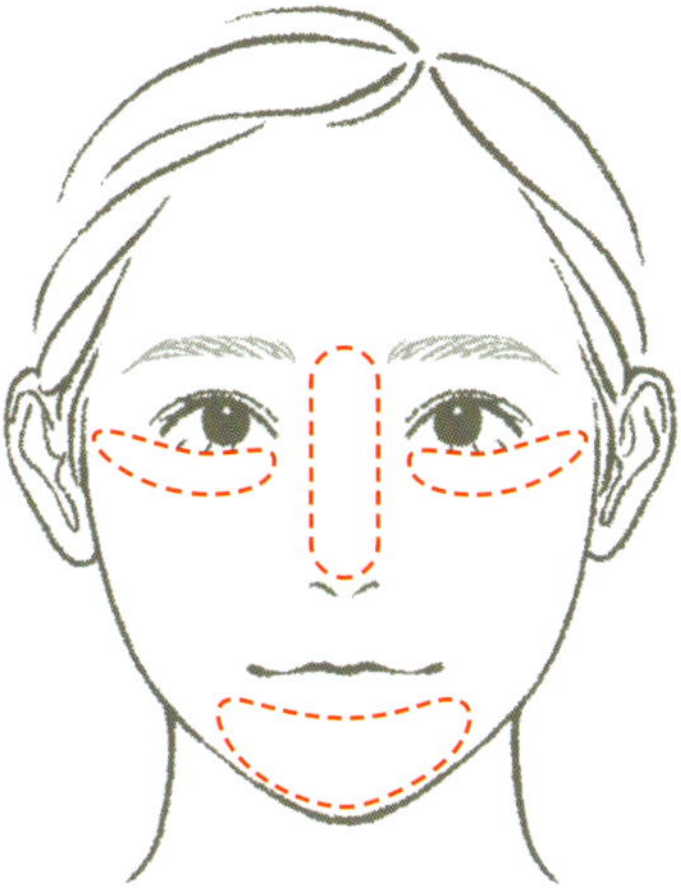

アゴやフェイスライン、目周りや鼻筋などは、残ったパウダーをのせるイメージで軽く押さえる。

POINT

凹凸のある部分は少なめにしたほうがヨレにくいため、軽くのせるのがコツ。特に目周りはたっぷりつけるとシワが目立つので、要注意！

④ 太めのブラシで余分なパウダーを落とす

フェイスパウダー用のブラシを軽く当て、余分なパウダーを落とす。

POINT

サッと顔から粉をはらうイメージ。③まででキレイに仕上がった場合は、工程④はなしでOK！

MAKE UP for OVER 50S.

「フェイスパウダー」メイク Q&A

Q. パールが入ったフェイスパウダーを使えば、もっと肌にツヤ感を足せますか？

A **ツヤ感はでますが、肌の凸凹が目立つ可能性大です！**

強いパールやラメが入ったものは、肌の毛穴に入り込むことで肌の凹凸を目立たせ、年齢を感じさせる要因になるため、あまりおすすめしません。

Q. フェイスパウダーってつけているかつけてないかわかりません…。

A **肌の色味補正ではなく、皮脂やテカリを抑え、メイクの持ちをよくするために使います。**

軽めにふんわりのせると、厚塗り感なく自然でマットな仕上がりになります。特に、夏や湿気の多い日は持ちをキープするのに役立ちます！

← 乾燥肌の人は、保湿成分入りのものを使いましょう！テカリやすいTゾーンに軽くのせる程度でもOKです。

Q. フェイスパウダーを使っても午後になるとテカってしまいます…。

A

フェイスパウダーを使った簡単メイク直しをしましょう！

午後にテカリが気になる場合は、軽くティッシュで余分な皮脂を抑えたあと、フェイスパウダーを少量つけなおすといいです。

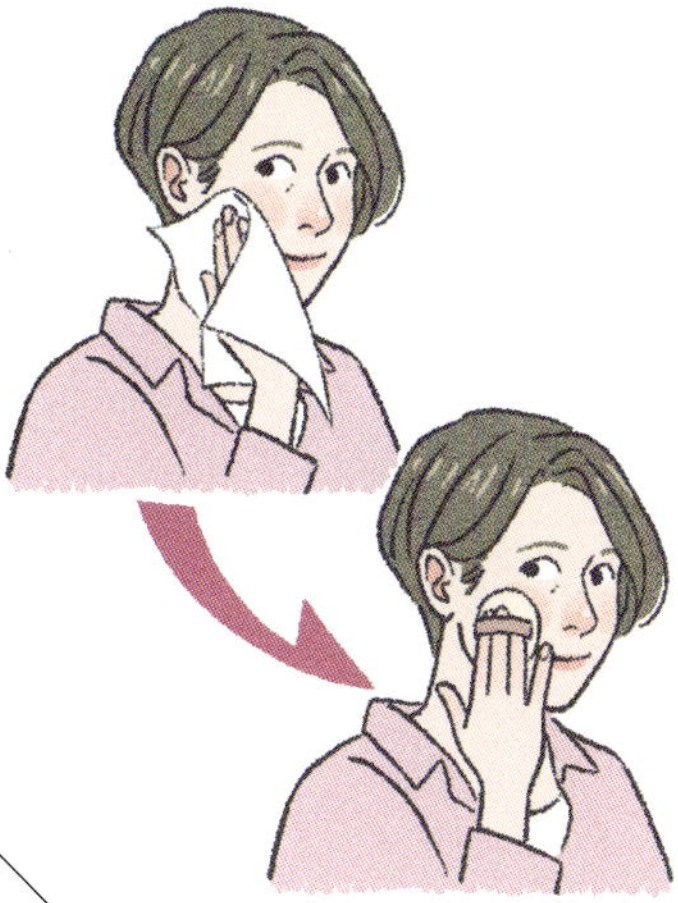

→ 夏場はテカリ防止のためにマットタイプを、冬は乾燥予防に保湿成分入りのものなど、使い分けるといいです。

Q. フェイスパウダーを使うと、なんだか顔が白くなりすぎます…。

A

フェイスパウダーの色選びと薄く少しずつ重ねるのがコツです。

白っぽい色は透明感をだしますが、顔が白浮きしてしまうことも。自分の肌色に近い色や、無色透明のパウダーを選ぶと、自然な仕上がりになります。

ここまでがベースメイクをフルでした場合！必要なものを悩みに応じて選んでみて！

目ヂカラを復活させる「アイメイク」

Eye Make

こんな人に
おすすめ！

- まぶたがたるんできたと
感じている人
- 目をパッチリと大きく見せたい人
- 優しい目元に仕上げたい人

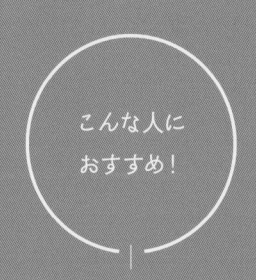

目元も光と影を意識して
パッと輝く印象に仕上げる

大人の目元メイクで重要なのは、目の凹凸を意識すること。**アイシャドウはピンクなどの強い色を使わずに、ブラウンやベージュ系で光と影を上手に作ることで、立体感が生まれ、自然な目元になります。**色を強調するよりも、目元の光と影を演出するといったイメージ。くぼんでいる部分には明るい色を、たるみが気になる部分には引き締める暗めの色を入れることで、印象的な目元になります。

そして、なんといっても目元の印象を変えるのはアイライン。**苦手な方は、黒目の上に入れるだけでもＯＫ。**瞳が大きく見える＆にじみにくいというメリットがあります。また、アイラインは、たるみによって変わってしまった目のラインを理想の形に整える役目も果たしてくれます。この際は、**目尻を水平に伸ばすのがポイント。**下がった目尻をカバーし、目ヂカラが復活する簡単テクニックです。

マスカラは先が細いものがおすすめ。**まつ毛をまつ毛カーラーであげたあと、黒目の上や下のまつ毛をていねいに塗っていくと、パッチリとした目元になります。**

さりげなく大変身の「アイシャドウ」メイク

HOW TO

① アイホール全体にブラウンを塗る

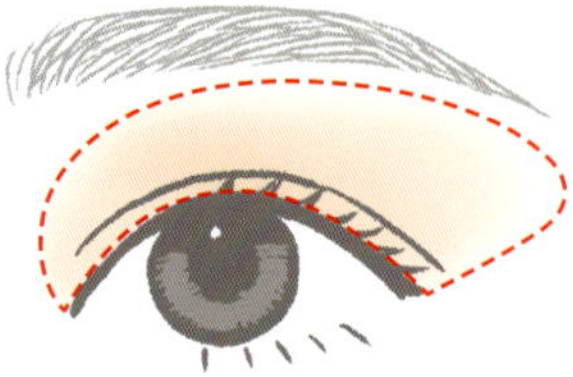

淡いブラウン系の色をブラシにとり、アイホール全体とこめかみに向かってぼかす。

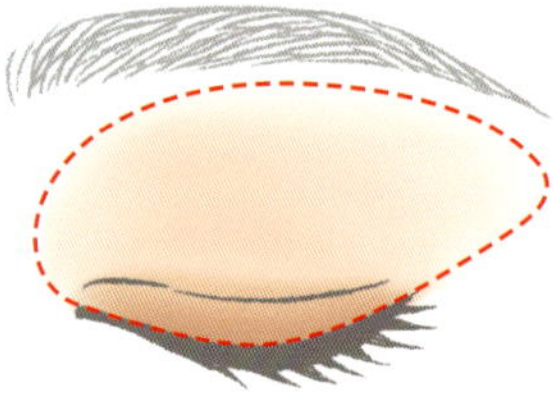

POINT

影を入れて目元を引き締めます。最初に、まぶたのキワに色をのせて、薄くアイホールやこめかみに向かってぼかしていくと、顔の広がりも解消できます。

② まぶたの高い位置にベージュを塗る

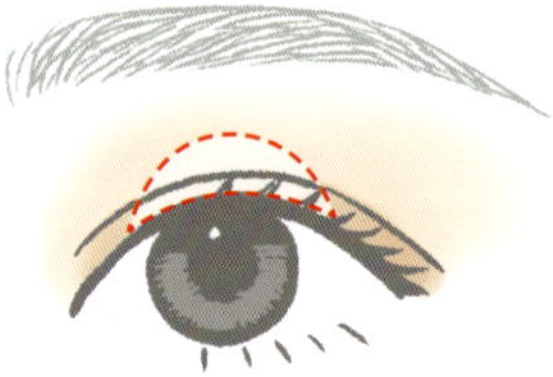

明るいベージュ系の色をチップにとり、まぶたの中心に丸く重ねる。

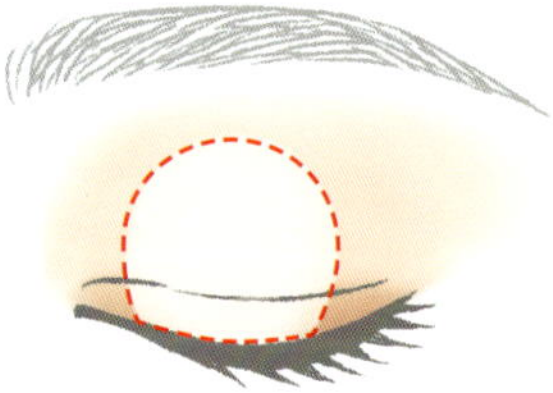

POINT

ラメやパールが強いものはシワに入り込んで老け見えするので、肌なじみのよい色で自然な光を入れて、目元に陰影を作りましょう。

USE ITEM

- **アイシャドウ**

ブラウンやベージュ系の
グラデーションのパレット

③ 目の下にも明るい色をのせる

②と同じ色をチップにとり、下まぶた全体にのせる。指で軽くなじませて、シワっぽさをなくす。

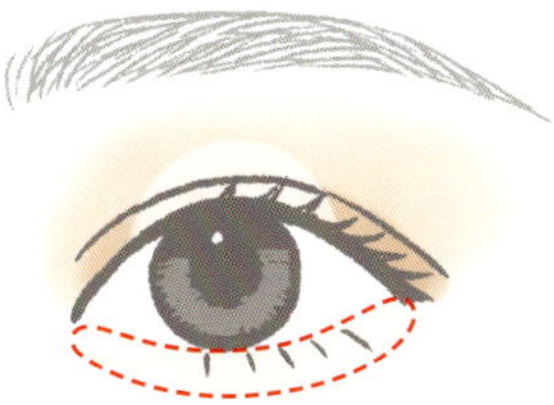

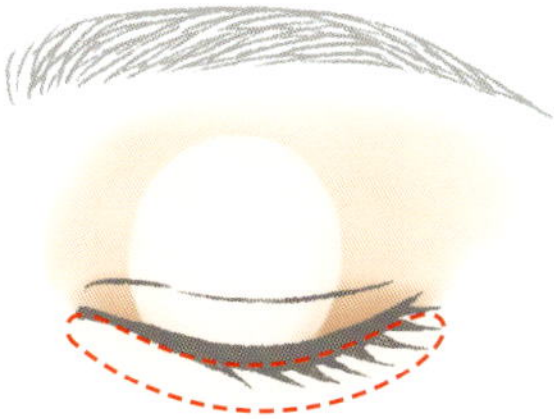

POINT

目の下もくすみやすいので、明るい色を入れて光を足すことで、パッと明るい印象になります。

鈴木みほのメイクの魔法！ ひと言コラム

まぶたがくぼみがちな人はブラウンはのせない

アイホールにブラウンをのせるのは、影を入れて引き締めたいから。コケ顔の方に多く見られる、くぼみ目の人は、はじめから影がついているので、①の工程は飛ばしてください。②の明るい色を丸くのせるだけでOKです。

大人は、重ねれば重ねるほどまぶたが重たくなって下がってしまうので、アイシャドウベースも不要。なるべく薄く仕上げましょう。

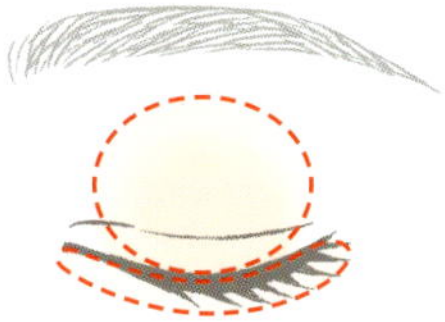

さりげなく大変身の「アイライン」メイク

HOW TO

① 上まぶたの黒目の上にインラインを引く

黒目の上のまつ毛とまつ毛の間をちょんちょんと埋めるように描いていく。

POINT

インラインは、まつ毛の上ではなく、まつ毛の生え際と粘膜のところです。下に鏡を置いて目を見開くと、描きやすくなります。

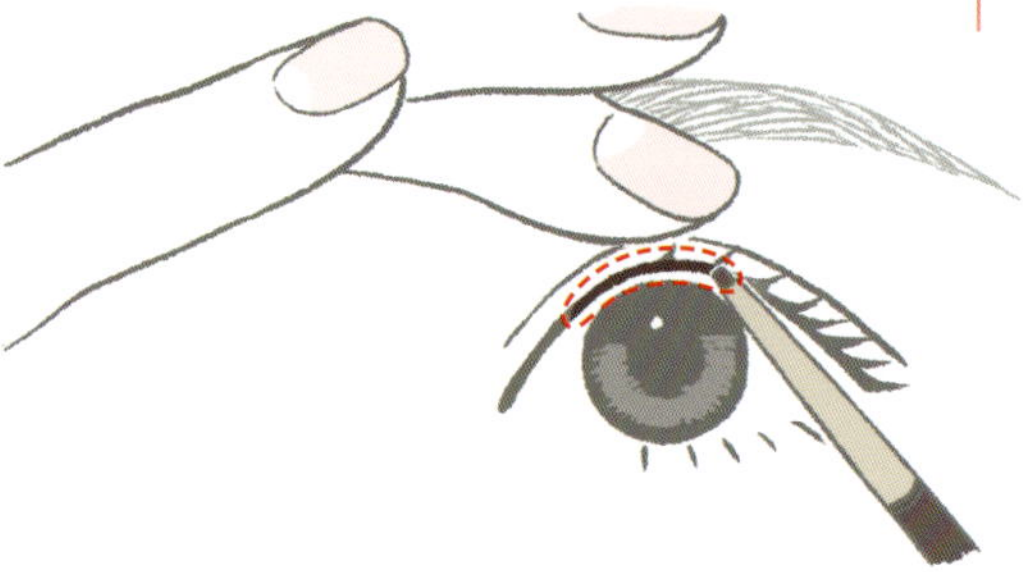

② 目尻までインラインを引く

同じように点と点をつなげるようにして、インラインを目尻まで伸ばす。

NG!

線を一気に引こうとすると、ガタガタになるので×。まつ毛の間を点と点で結んで線にするようなイメージで。

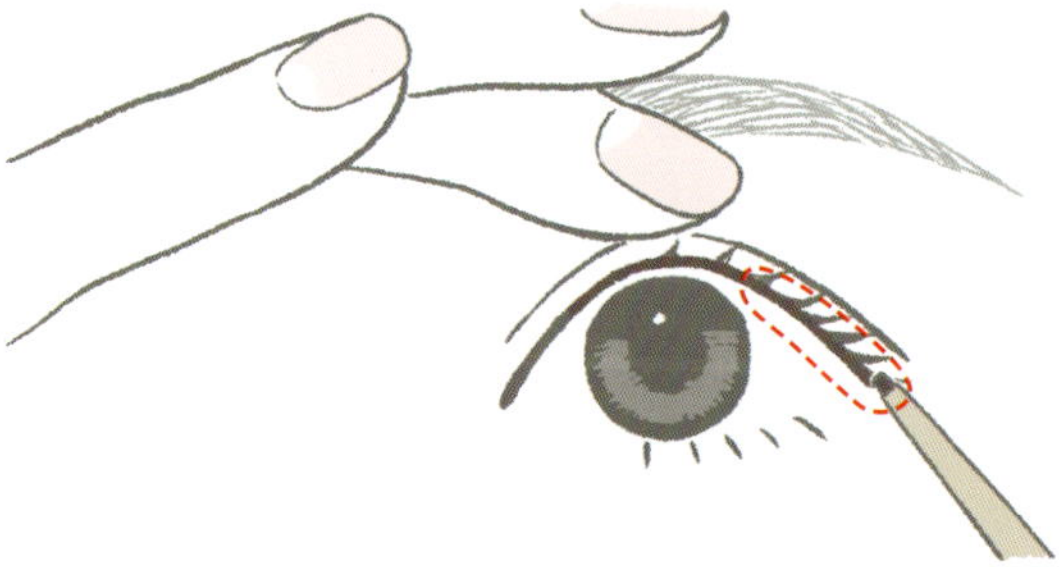

USE ITEM

- クリームまたはジェルライナー
色はブラウン系がおすすめ。

まつ毛が薄い人は黒でもOK

③ 目を開けたまま、目尻から5㎜ほど平行に伸ばす

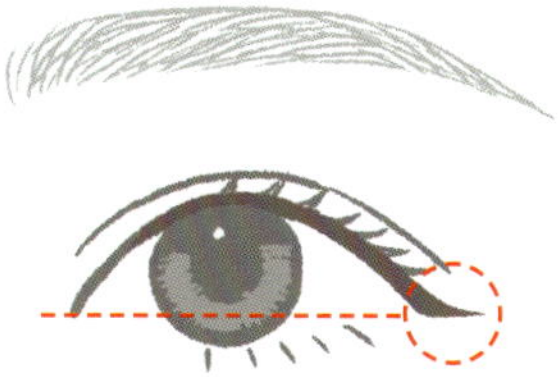

目を開けてまっすぐ前を向き、目尻のラインを目と平行に5㎜ほど伸ばす。これで目の横幅がぐっと広がる。

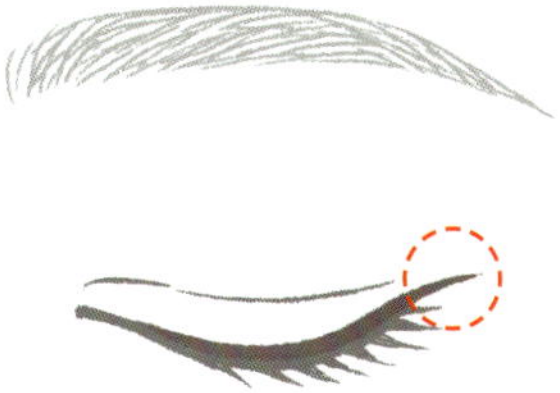

NG!

タレ目に見せるために下に伸ばすと、よりたるみが強調されます。つり目っぽく見せるために上に引いても、目のたるみでラインが見えなくなるので、真横に引くのがベストです。

鈴木みほのメイクの魔法！ひと言コラム

上まぶただけでも目にきらめきプラス！

目全体を囲むとメイクが古くなりがち&下まぶたにアイラインを入れると、目元と顔の境目をはっきりさせてしまうことで、目が小さく見えるという逆効果に…。

　黒目の上に入れただけでも目の印象は強くなるので、インラインがうまく引けない人は工程①だけでも大丈夫です。

　できる人は、目頭のほうにもインラインを伸ばしてみてください。たるみがちの目をアーモンド型の目にすることができます。

さりげなく大変身の「マスカラ」メイク

HOW TO

① まつ毛カーラーでまつ毛をあげる

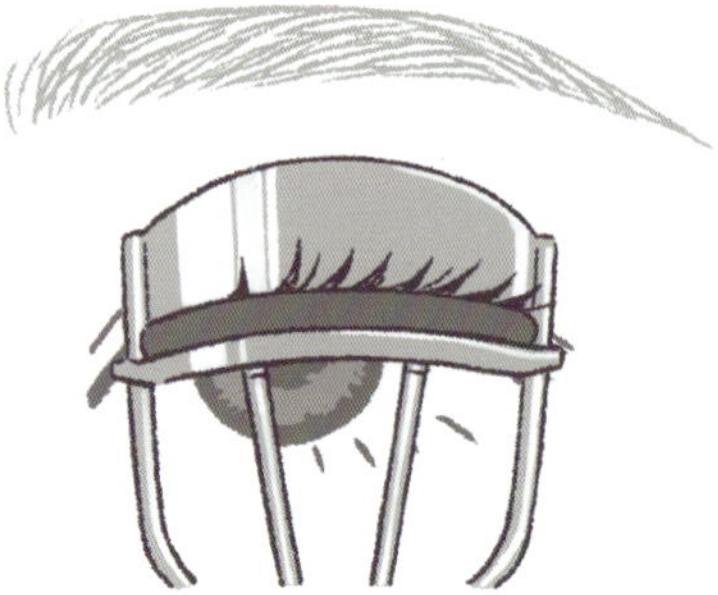

まつ毛カーラーをまっすぐもち、まつ毛の根本を軽くはさむ。

POINT

まつ毛カーラーは根本→真ん中→毛先の3段階ではさむ、とよくいわれますが根本だけでOK。今のまつ毛カーラーはそれで十分あがります。

② 黒目の上にだけマスカラを塗る

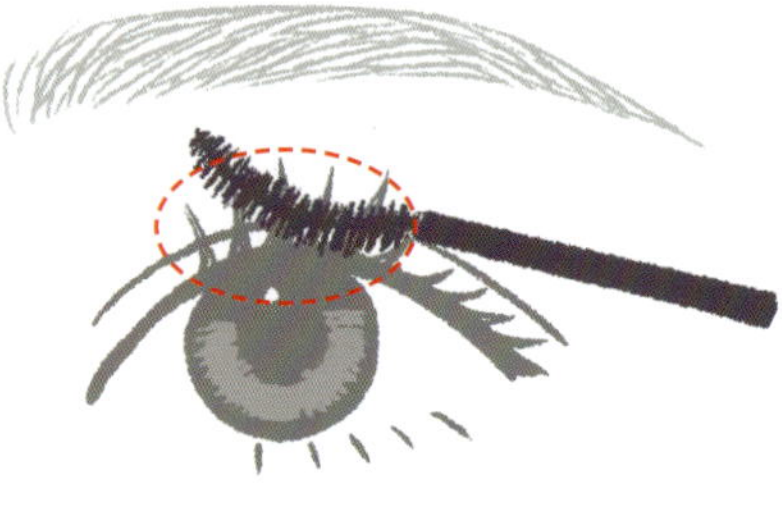

黒目の上に生えているまつ毛にだけ、下から持ち上げるように塗っていく。

NG!

目尻まで塗ったり、塗り重ねたりすると、マスカラの重みで目が閉じてしまいます。マスカラが目元の水分や油分と混ざって落ちる「パンダ目」にもなりやすいです。

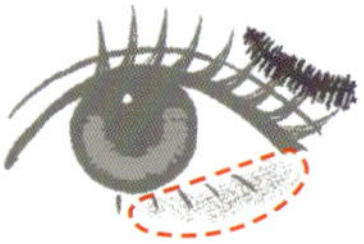

USE ITEM

- **まつ毛カーラー**
- **ブラックのマスカラ**
ブラシが細いタイプで、ボリュームアップ&ウォータープルーフのもの

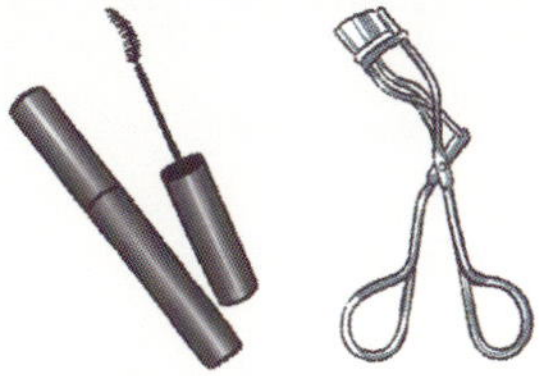

③ 黒目の下の下まつ毛にも塗る

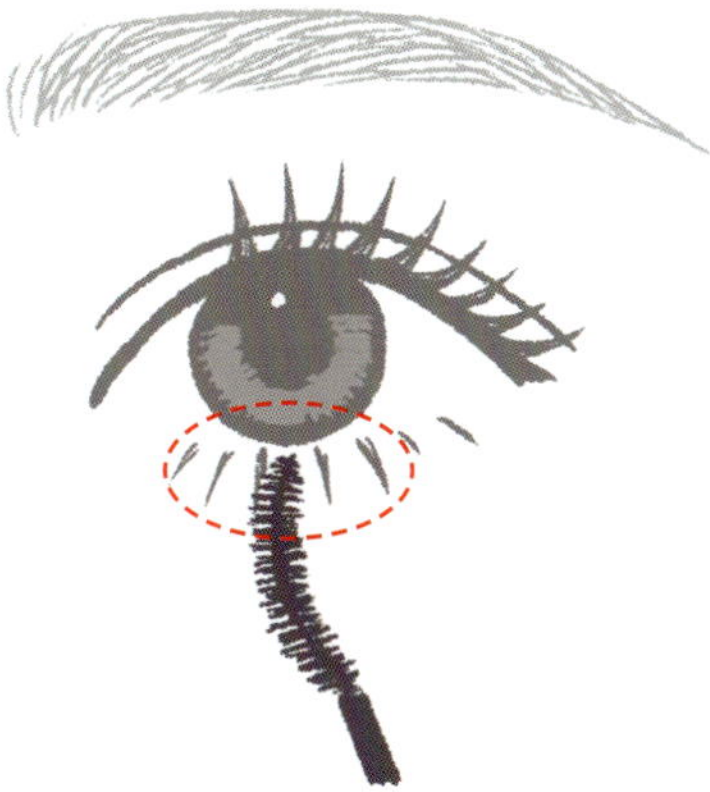

下まつ毛も黒目の下だけ塗る。マスカラのブラシを縦にもつと塗りやすい。目尻は落ちやすいので避けて。

POINT

下まつ毛にもマスカラを塗ることで、大きくなりがちな頬の面積を埋める効果があります。

鈴木みほのメイクの魔法! ひと言コラム

まつ毛パーマは大人の目の強い味方

大人の目元は重みが天敵。繊維入りマスカラなども人気がありますが、その繊維ですら重みになるため、避けたほうが無難です。

また、自分のまつ毛に人口まつ毛をつけるマツエクは、目元のたるみが強調されて、逆に目が小さく見えます。さらに、まつ毛への負担も大きいので避けたほうがベター。それよりも、自まつ毛をカールさせるまつ毛パーマのほうが断然おすすめ! まつ毛パーマは、たるんだまぶたを持ち上げてくれる効果もあります。

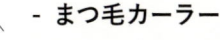

＼プラスアルファ／

アイテープ＆つけまつ毛

HOW TO

アイテープ

① 二重のラインに合わせて アイテープを貼る

透明のアイテープを二重のラインの上に貼る。たるんでいたまぶたがぐっとあがって、視界が明るく！

POINT

まぶたがたるんでいる人に、特におすすめのテクニック。一重まぶたの人やまぶたにハリがある人は、合わない場合もあります。

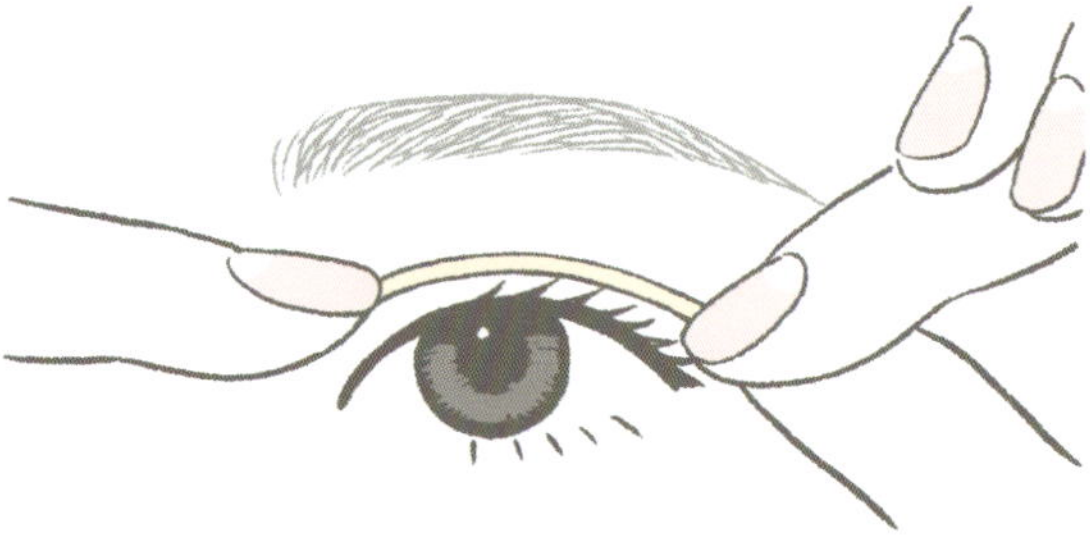

鈴木みほのメイクの魔法！ひと言コラム

便利なアイテムは勇気をだして取り入れて

アイテープやつけまつ毛は若者向けのアイテムと思われがちですが、実は目元が下がりやすくなる大人にこそ強力な味方です！ 私も毎日使っていて、その効果に驚いています。

特にアイテープは、つけるだけでたるんだ目元があがって、瞳が見える幅が広くなるので、本当におすすめ。100円均一などの商品で十分効果を発揮するので、ぜひ試してみて！ 目元がうまくあがらない場合は、貼る場所を探ってみましょう。何度か練習すれば、必ずできるようになります。

USE ITEM

- **アイテープ**
  透明タイプ
- **つけまつ毛、付属ののり**
  ナチュラルなタイプ

つけまつげ

① つけまつ毛をカットする

自分の目の大きさに合わせて、つけまつ毛をカット。指先でもみほぐして、軸の部分をやわらかくする。

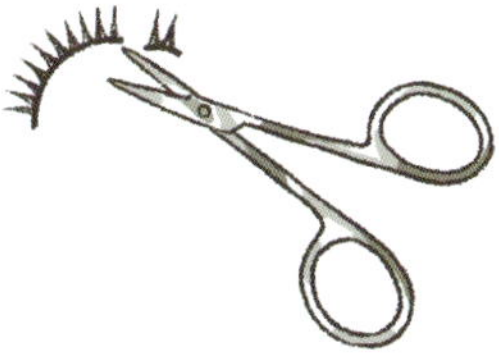

POINT

目尻側が長くなっているつけまつ毛は、目のたるみを強調しがち。目尻側はカットして使いましょう。

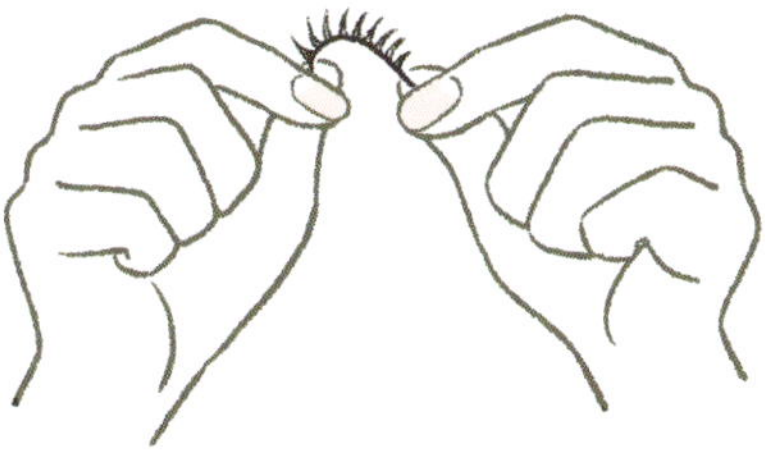

② つけまつ毛用ののりを塗り上まぶたのキワに貼る

つけまつ毛にのりをつけたら、少し寝かせるようにして目元に貼りつける。

POINT

起こした状態で貼ると、びっくりしたような目になってしまうので必ず寝かせて。自分のまつ毛から浮いてしまっているときは、一緒にマスカラを塗るとなじみます。

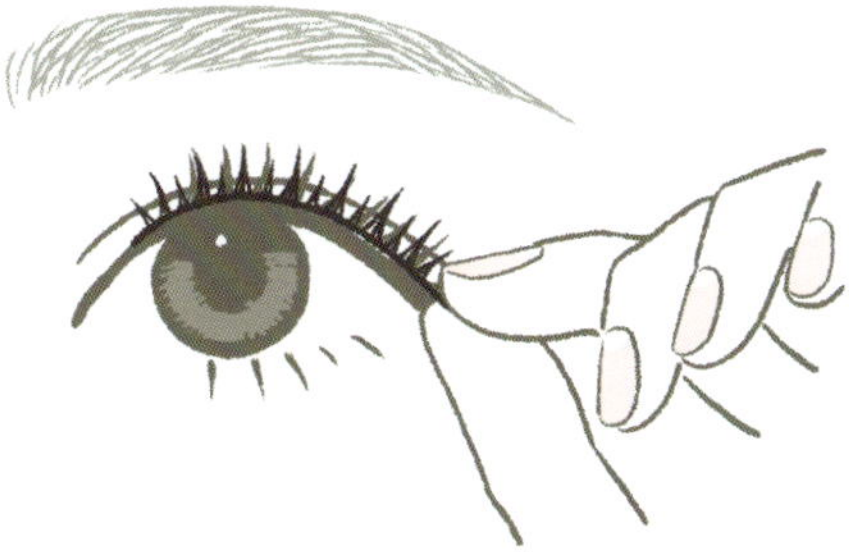

MAKE UP for OVER 50S.

「アイ」メイク Q&A

Q. 目にラメやパール系のアイシャドウをのせてもいいですか？

A 目の小ジワに入り込んでしまい、老けた印象を与えることがあります。

また、ラメやパールは光を受けて、たるみが目立ちます。若々しい印象をキープしたいなら、ないもののほうが上品で華やかな雰囲気になります。

Q. アイシャドウの定番、ピンクは使ってOK？

A 目元が腫れぼったく見えることがあるので注意が必要です。

目元がたるんでいる人は特に腫れぼったく見えるので、避けたほうがよいです。使いたい場合は、目尻にだけアクセントとして少し使う、またはブラウン系と混ぜて肌になじみやすい色にしてから使いましょう。

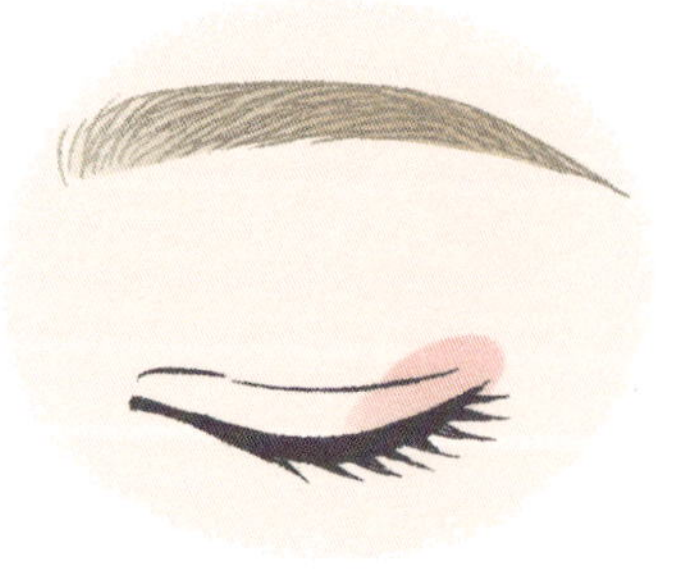

← 目尻にちょこっとのせるぐらいが大人向け。ほかの色のときも同様です。

← 自分の目元のカーブ（丸み）と合っていないから、まつ毛の根本がはさめないことも。目元にぴったり合うまつ毛カーラーを探してみましょう！

Q. アイライナーがにじんで、パンダ目になります…。

A 使うアイテムが重要。にじみにくいジェルタイプを選びましょう。

今はとても優れた、にじみにくいアイライナーが多数市販されています。なかでもジェルタイプがおすすめ。やわらかいので、目元の負担も防げます。

Q. まつ毛カーラーやマスカラを使えるほど、まつ毛がないんですが、どうすればいいですか？

A その場合は、アイラインだけでOK。十分印象は変わりますよ。

歳を重ねると、どうしてもまつ毛は短く薄くなっていきます。まつ毛がない人は、アイラインで目ヂカラを補いましょう！

輝く瞳を取り戻しましょう！

平行眉で瞬間垢抜け!

「眉」

Eyebrow Make

こんな人に
おすすめ!

- ☑ 不機嫌に見られることが増えてきた人
- ☑ 若々しい印象を取り戻したい人
- ☑ 目と眉の間に余白が増えてきた人

大人はちょい太平行眉で
ほとんどの悩みが解決する!

眉は顔において、最も重要なパーツのひとつ。それは、**眉の形次第で顔全体の印象が大きく変わる**からです。だからこそ、手軽に印象を変えたいときは、ぜひ眉メイクにこだわってみてください。

大人の女性に特におすすめしたいのが、眉山を作らないちょい太めの平行眉です。年齢とともに、目の周りや額の余白が広がり、顔が間延びして見えがちです。そこにキリッとした角度のある眉山を作ってしまうと、眉と目の間に余白ができ、目元のたるみが目立って目が小さく見えることも。**平行眉は目元を引き締め、余白を埋めて顔をリフトアップさせて見せる効果がある**のです。

眉の長さは眉尻を小鼻と目尻の延長線上に合わせればＯＫ。もし顔全体をもっと小さく見せたいなら、眉の長さをほんの少し長めに引くと、顔の下半分がコンパクトに見え、バランスが整います。ただ、眉毛が薄いと皮ふに色がのらないので、まずはパウダーで色をのせる工程が大事。特に初心者の方は、パウダーで眉毛の形を下書きしてから、必要なところだけペンシルで描く方法だと失敗しにくいです。

さりげなく大変身の「眉」メイク HOW TO

① パウダーで眉頭の高さを決める

アイブロウパウダーの明るいほうの色をブラシにとり、眉頭に軽くのせて左右の位置をそろえる。

POINT

年齢を重ねるにつれて左右の眉の位置に差がでてくるので、まずは高さをそろえるのがコツ。下書きの気持ちで、明るい色を薄くのせます。

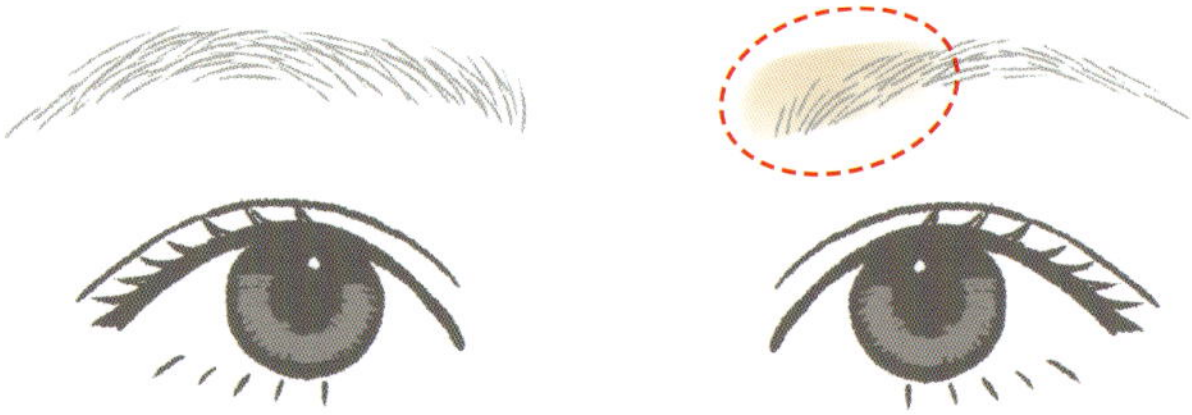

② 眉尻までまっすぐパウダーをのせる

眉毛の下のラインを整えるように、眉尻まで明るい色のパウダーをまっすぐのせていく。

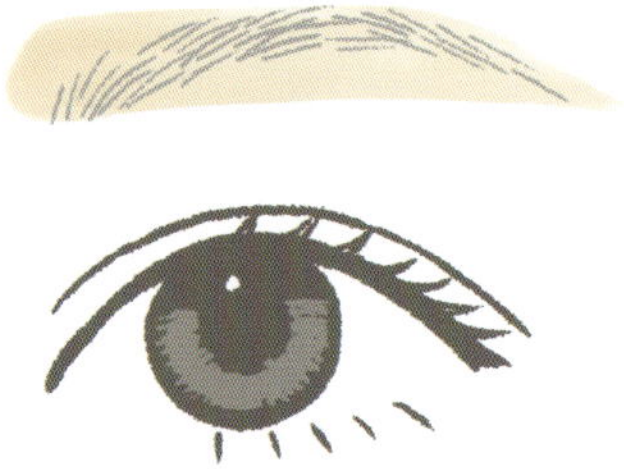

POINT

平行眉になるよう、眉山は意識せず、目と眉毛の間のすき間だけ埋めるようにしましょう。

USE ITEM

- **アイブロウパウダー**
  ブラウン系のパレット
- **アイブロウペンシル**
  ブラウン系の細めのペンシル

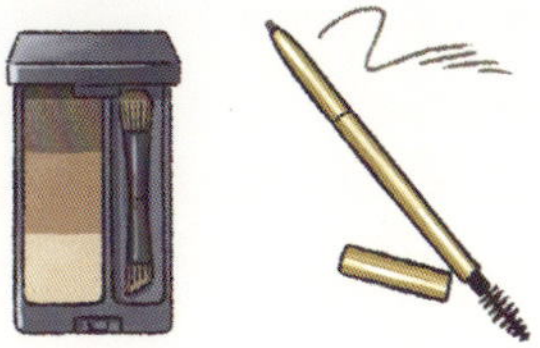

③ 眉毛のすき間をペンシルで埋める

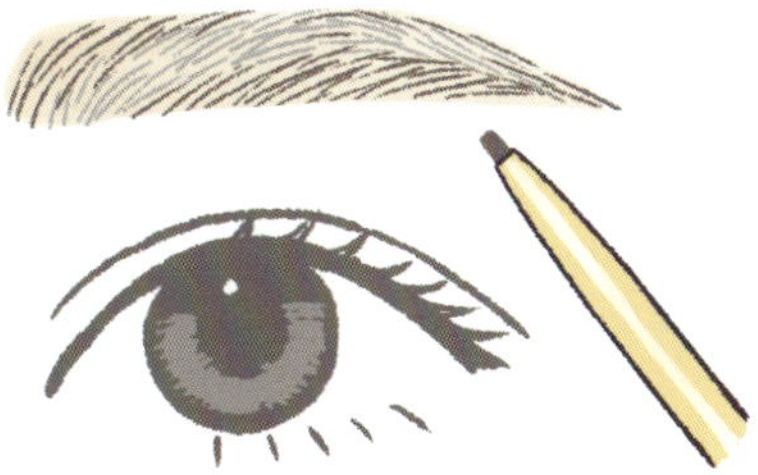

ペンシルに持ち替え、眉の毛と毛の間を埋めるように描き足していく。

POINT

細いペンシルで眉毛を1本ずつ描き足します。眉尻は小鼻と目尻を結んだ延長線上に合わせるとバランスよく仕上がります。

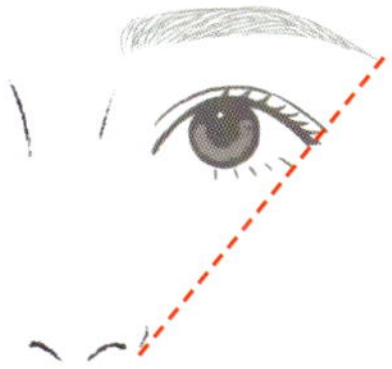

鈴木みほのメイクの魔法！ひと言コラム

眉毛を整えるときは眉毛を描いてから

眉毛をハサミやかみそりでカットする際は、すっぴんの状態ではなく、理想の形に眉毛を描いてから整えるのがベスト。まず、工程①〜③に従って理想の形に眉毛を描き、その後、はみだした部分をカットすることで、失敗なくキレイに仕上げることができます。

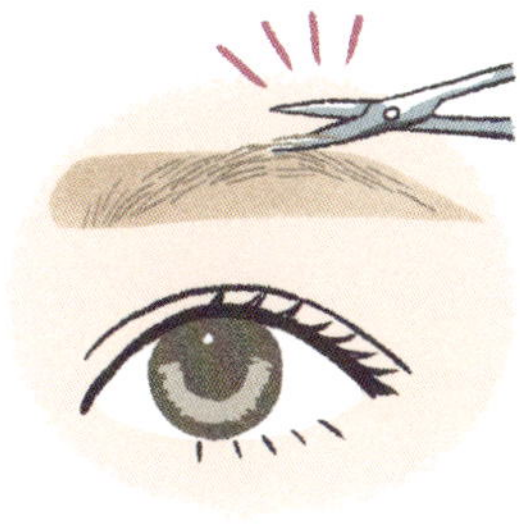

「眉」メイク Q&A

MAKE UP for OVER 50S.

Q. 眉毛の毛量に左右差があるときはどうしたらいいですか？

A 濃いほうの眉を基準にバランスをとりましょう。

左右の眉の濃さや形が違う場合、アイブロウペンシルや明るい色のパウダーで、薄いほうの眉を少しずつ描き足してそろえていくのがポイントです。

Q. 眉尻をどこで終わらせたらいいのでしょうか？

A 眉頭より下げないように描くのがポイントです！

眉尻を眉頭と同じ高さで描くと、顔全体がリフトアップして見えますし、明るく元気な印象になります！

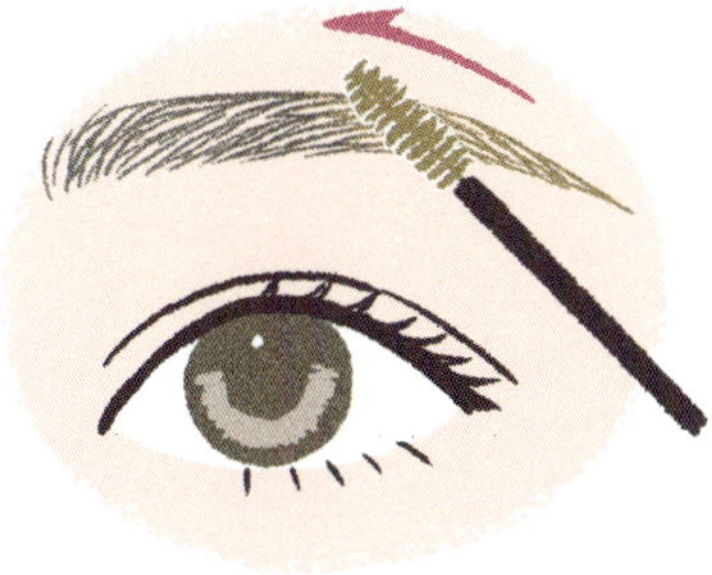

← 眉マスカラは、まず毛流れに逆らって塗り、次に、毛流れに沿って塗ります。

Q. 眉毛が抜けてしまっていて、正解の形がわかりません。

A

眉骨のラインに沿って描くのがおすすめです。

眉頭から眉尻までのラインをパウダーで軽く描いてガイドラインにしてから、ペンシルで描き足すと自然な仕上がりになりますよ。

Q. 自分に合った眉毛の色味の選び方を知りたいです。

A

ちょい太めの並行眉は、黒っぽいと強くなりすぎるので、髪色より少し明るい色が最適！

黒髪の方はダークブラウン、明るい髪色の方はライトブラウンを選ぶとよいです。眉毛が濃い場合は、眉マスカラで色を少し明るくするのもおすすめ。

華やかさは唇で決まる「リップ」

Lip Make

こんな人に
おすすめ！

- ☑ 唇のくすみやシワが気になる人
- ☑ 唇のボリュームがなくなってきた人
- ☑ 鼻の下の長さが気になる人

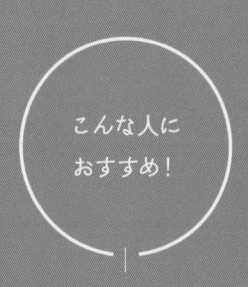

大人のくすみがちなリップはブラウン系の色味で復活する！

リップに血色感とツヤ感があるかどうかが、若々しさをだすための大事なポイント。そしてリップもまた顔全体の印象を左右する大事なパーツでもあります。しかし、大人の唇は、年齢とともにくすみによって色が変わっていきます。さらに、口唇のボリュームそのものも減少し、小さくなることも。すると、顔下半分の余白が大きく、たるんで見え、全体的に色が悪い寂しい印象になってしまいます。

そこで、**大事になるのが「色×ツヤ×ボリューム」**です。大人女性向けの**万能カラーは、ピンクブラウンやオレンジブラウン、レッドブラウンの色味**。茶色くなった唇の色をカバーしながら、血色感をだしてくれます。また、少し広めに塗って唇をボリュームアップさせたいときも、唇本来の色に近いので自然な仕上がりになります。ベルベットタイプのようなハーフマットの質感のものは、自然な発色とツヤ感を兼ね備えているので、大人の唇にぴったりです！

日常的な保湿ケアも忘れずに行いましょう。唇が乾燥していると、どんなに素敵なリップをつけても、その効果は半減してしまいます。

さりげなく
大変身の「リップ」メイク

HOW TO

① リップクリームで唇の保湿をする

唇全体にリップクリームを塗って縦ジワやカサつきをケア。

POINT
リップクリームは普段使っているもので大丈夫。シアバターやワセリンなどでもOKです。

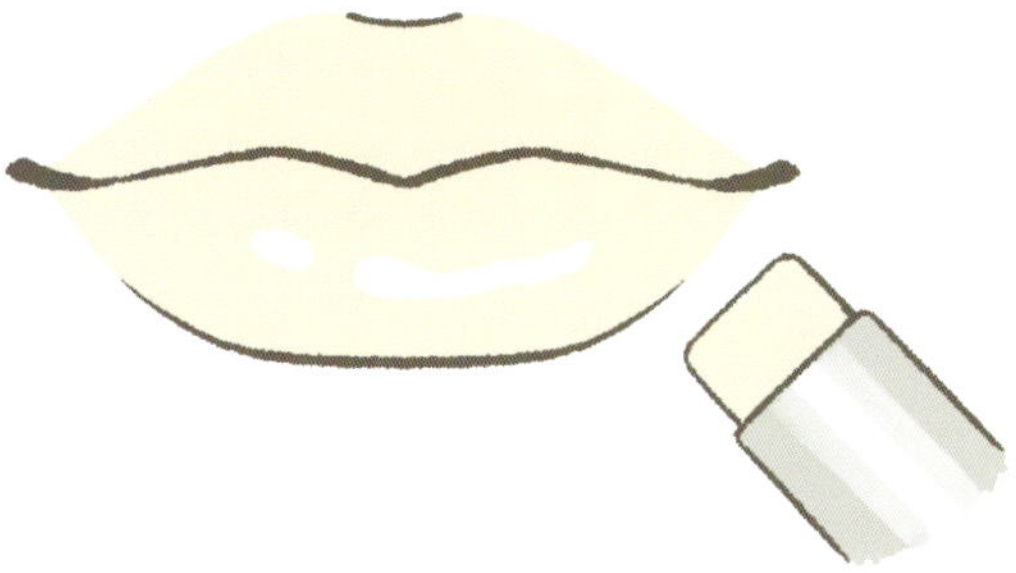

② リップライナーで上唇と下唇にラインを描き足す

上唇と下唇のラインに沿ってリップライナーでややオーバーぎみにラインを描き足し、指でなじませる。

POINT
唇のボリュームが減ってしまった人向けのテクニックなので、①と③の工程のみでもOK！

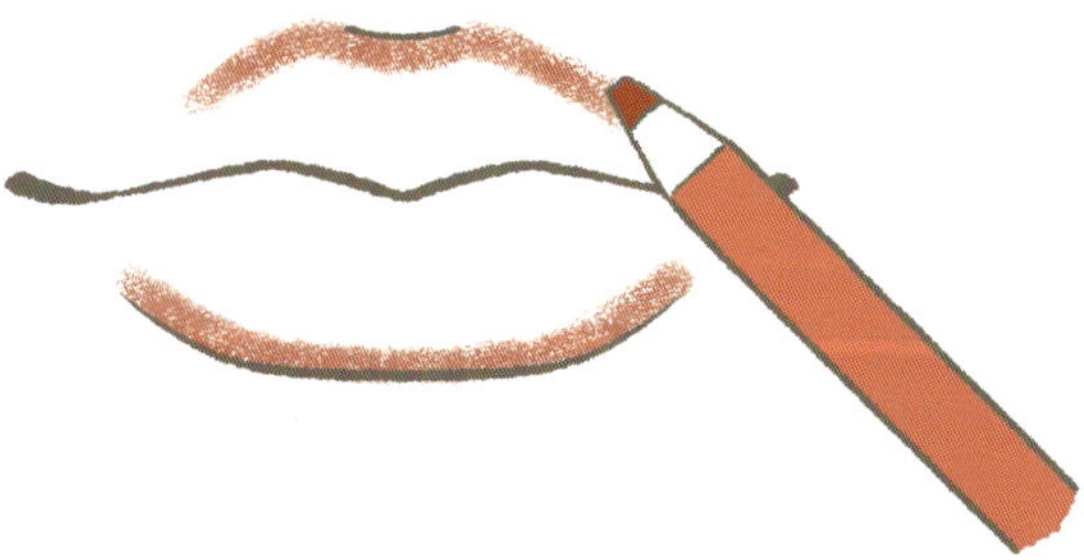

USE ITEM

- **リップクリーム**
- **リップカラー**
  ピンクブラウン、オレンジブラウン、レッドブラウン系
- **リップライナー**
  ピンクブラウン系

③ 唇の内側にリップカラーを塗る

リップカラーを唇の内側に塗り、上唇と下唇を軽く合わせてなじませる。

POINT

唇全体にベッタリ塗ると、老け見えに。唇の内側にさりげなく色を入れて、外側を薄くするのがコツです。

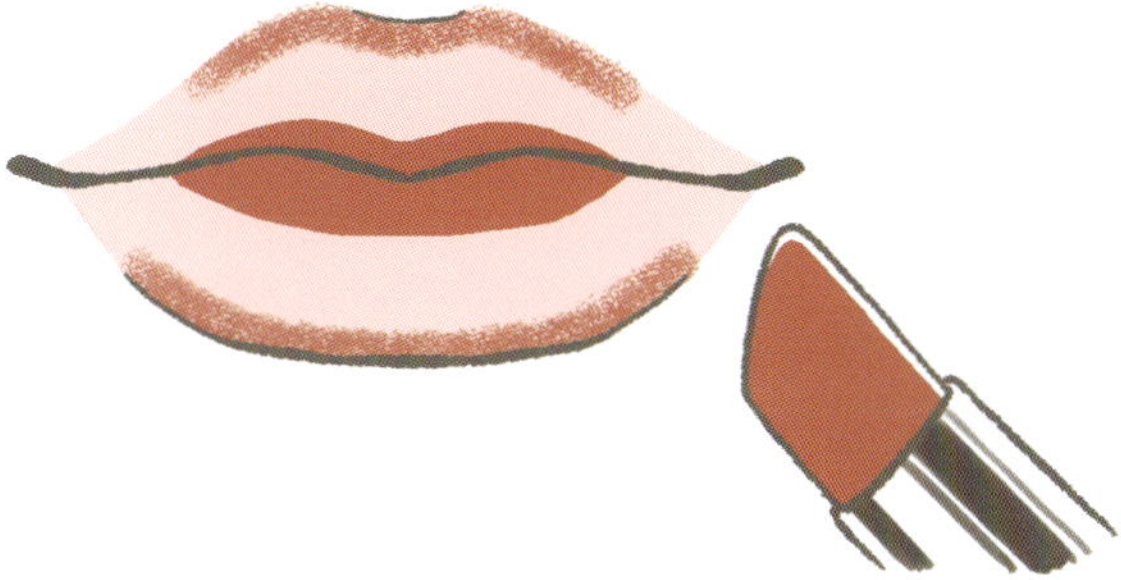

鈴木みほのメイクの魔法！ひと言コラム

リップこそ時代の顔！流行を追いかけて

万能カラーを楽しむだけでもいいですが、リップの色はトレンドがでやすいので、リップメイクが好きな方は、年に一度アップデートするのがおすすめ。色味はくすみをカバーできるものなら、自由に楽しんでOKです。同じレッド系でも、最新のレッドをつけると気分もリフレッシュできますよ。

唇は、いつまでも女性である楽しみを表現できるパーツ。「昔からこの色しかつけてなくて…」という声をよく聞きますが、唇の変化やトレンドに合わせて、アップデートできると最高です！

MAKE UP for OVER 50S.

「リップ」メイク Q&A

Q. リップが縦ジワに入るのが気になります。対策はありますか？

A 縦ジワを目立たせないためには、まずリップケアが重要です。

リップスクラブで角質をオフする、またはオイルで優しくマッサージしたあとに、たっぷり保湿系のリップクリームを塗りましょう！

Q. シアー系のリップカラーは使ってもいい？

A 大人メイクでは色が薄すぎて唇のくすみをカバーしきれません…！

くすみだけでなく唇のシワを強調してしまうこともあります。どうしても使いたい場合は、リップを塗った上にグロス感覚で重ねるのがおすすめです。

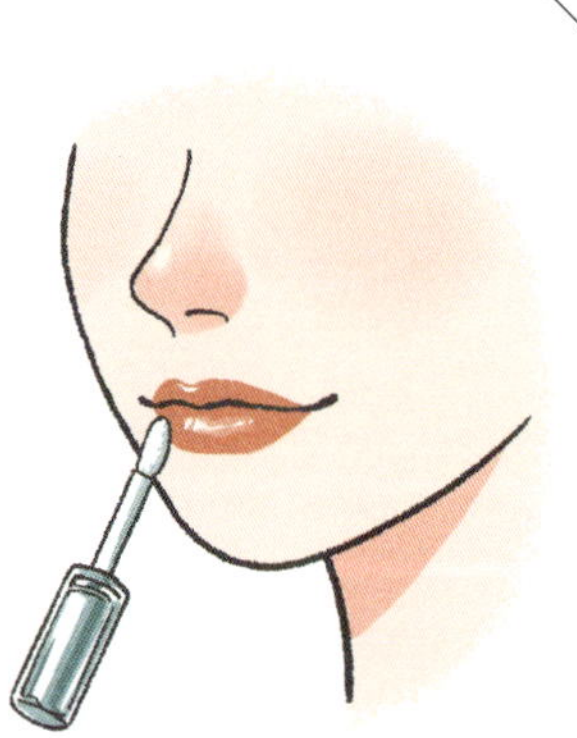

← グロスのような重ね付けならOK。ラメがたっぷり入ったものは避けましょう。

→ のせたあとは、上唇と下唇を軽く合わせてなじませましょう。

Q. 赤リップに挑戦したいけど、似合わない気がします…。

A 塗り方を工夫すれば大丈夫！ ぜひ使ってみてほしいです。

唇全体に塗ると派手すぎて不安…という方は、唇の内側だけに指でポンポンと軽くのせていく方法がおすすめ。自然な仕上がりになります。

Q. 鼻の下が間延びしてきた気が…。リップメイクでどうにかできますか？

A よく聞く悩みです。リップライナーでリップラインを補いましょう！

鼻の下が間延びして見えるのも、唇のボリュームの減少によるもの。P104の②で特に上唇を補うことでカバーできますよ！

これで「さりげなく大変身」メイクは完了！

色がとっても大事な「コンシーラー」「仕込みチーク」「リップ」の色見本

本書で紹介したメイクの方法のなかで、
特に色味が大事なのが、
コンシーラー、仕込みチークとリップです。
下記を参考に、大人女性に似合う色味を知ってくださいね。

コンシーラー 〉

P61で解説したように、大人のクマやシミ、肝斑を消すにはオレンジの色味がマスト！ オレンジの色味の商品は以外と少ないので、右と似た色味の商品を探してみてください。

おすすめカラーはこれ！

色味で悩みを解決しましょう！

コンシーラー／&be ファンシーラー　ベージュ&オレンジ　3,500円（&be）
チーク／ヴィセ リシェ　リップ&チーククリーム N　BE-5　1,100円（編集部調べ）（ヴィセ）
リップ／カネボウ　ルージュスターヴァイブラント　V08（左）・V04（右）各4,200円（カネボウインターナショナルDiv.）

仕込みチーク

血色を取り戻すカラーはこれ！

血色感をアップするために大事な仕込みチークは、左のようなピンク～赤系の色味がおすすめ。

そのほかおすすめ！

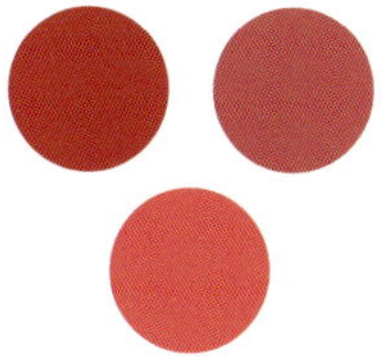

NG!

NGの色味を選ぶと、顔が大きく見えたり、くすみや頬の毛穴が目立ったりするので、避けたほうが無難です。

リップ

若々しく見えるカラーはこれ！

リップの色味も血色感と若々しさをだすための重要なアイテム。ラメが入っているものより、自然とツヤがでるようなものがおすすめ。NGの色味は、くすみが目立つので避けて。

そのほかおすすめ！

NG!

大人の美コラム

メイクの仕上がりを変える プロおすすめの必須アイテム

PART2は、手順をシンプルにするために、必要最低限のメイク道具のみをUSE ITEMで紹介しています。もちろん、手や付属のものでもできますが、メイクが苦手な人ほど、専用のものをそろえたほうが失敗しにくいです。次に紹介する2点は、あると便利。100円ショップなどの安いものでよいので、ぜひ試してみてください。

年齢を重ねると、ファンデーションが肌にフィットし

BEAUTY COLUMN

づらくなります。そんなときは手で伸ばすよりも、しずく型のスポンジを軽く濡らして使うことで、肌への密着度が高まり、崩れにくく、プロ級の仕上がりになります。

　眉メイクも専用ブラシを使うと簡単です。眉の太さに合った、コシがほどよくあるブラシを選びましょう。特に眉毛がしっかり生えている方は、ペンシルを使わなくてもパウダーだけで自然に整えることができます。硬すぎるブラシは色が強くですぎますし、やわらかすぎると発色しないのでご注意を。

　道具がそろうと、メイクがぐっと簡単&キレイに仕上がります。プロも道具に助けられているように、頼れるアイテムを味方にして、理想の仕上がりを目指しましょう。

将来の輝く肌のために

大人の肌は
スキンケアの
積み重ね

PART 3

CORRECT SKINCARE FOR YOUR BRIGHT FUTURE

大人女性を悩ませる肌のシミやシワ。
できてしまったものをなくすのは
とても難しいですが、
肌のハリやツヤ感をだすために
スキンケアってやっぱり大事。
高価なスキンケア用品を使う必要もないですし、
面倒だと思うことはやらなくてもOK。
大切なのは、毎日できる方法で継続することです。
肌がキレイだとそれだけで気分がよくなるはず。
今のケアが将来のあなたを幸せにしてくれるので、
前向きな気持ちで取り組んでみてください。

MESSAGE 11

美肌は今の自分から未来の自分へのプレゼント

美肌は1日にしてならず
自分のことを毎日いたわってあげて

肌がキレイな人は、それだけで若々しい印象になります。**美しい肌は自信にもつながり、ときにメイク以上の効果を発揮します。**

年齢とともに、私たちの肌は徐々に変化します。特に新陳代謝のサイクルが遅くなり、水分を保持する機能が衰えることで、肌が乾燥しやすくなり、くすみやシワが目立ってきます。さらに、加齢とともに肌のハリを支える皮下の脂肪層が薄くなり、弾力を失っていきます。また、40代になるとメラニンが一気に増え、肌がくすんで見えやすくなったり、シミの原因にもなります。特に紫外線は、シミやシワの大きな原因。日焼け止めやＵＶケアを怠ると、将来的に深刻な肌ダメージが残ることもあります。

大人女性のスキンケアは**「保湿」と「紫外線対策」が基本**。年齢による肌の変化は避けられないものですが、保湿を重視したスキンケアと紫外線対策で、未来の自分へのダメージを最小限に抑えることができます。日傘や帽子を使ったり、日常生活でもＵＶケアを欠かさないことが、美肌を守る第一歩です。

日々のスキンケアは最低限のお手入れでも効果があらわれます。特別な手間をかけることより、**大事なのは、継続して毎日少しずつ積み重ねる**ことです。朝はぬるま湯で顔を洗い、化粧水と保湿クリームをつける。夜はメイクをしっかり落としてから保湿をするといったシンプルな手順だけでも十分です。余裕があれば週に一度のスペシャルケアとしてシートパックや軽いマッサージをプラスすると、肌のハリが持続します。肌をしっかりとケアすることで、未来の自分が笑顔でいるための美肌を保つことができます。毎日のケアを積み重ね、将来の自分に「昔の私、ありがとう！」と思える美肌をプレゼントしましょう。

MESSAGE 12

メイク後のクレンジングが老け見え予防のカナメ

クレンジングが肌の調子を左右するメイクをしたなら必ずオフを

メイクアイテムには油分をはじめとしたさまざまな成分が含まれています。これが毛穴に残って酸化すると、肌のバリア機能が弱まり、肌荒れやシワ、くすみの原因になります。**クレンジングをする際の最大のポイントは、やりすぎないこと**。ゴシゴシと強くこすったり、洗浄力の強すぎるクレンジング剤を使ったりすると、肌を痛めてしまいます。優しく肌をいたわるように行いましょう。

マスカラなどのアイメイクアイテムは油性成分が多く含まれているため、ほかの

クレンジングの種類とおもな特徴

オイルクレンジング	メイクの油分としっかりなじみ、アイメイクなどの濃いメイクでも簡単に落とせる
バームクレンジング	固形で、肌になじむとオイルに変わる。肌に優しい使い心地
ミルククレンジング	肌への負担が少なく、保湿力が高い。軽いメイクに最適
ジェルクレンジング	肌にすっとなじみ、毛穴の汚れをとりやすい。さっぱりとした使用感
クリームクレンジング	保湿力が高く、肌に優しい。肌の摩擦を抑えながらメイクを落とせる
拭きとりクレンジング	クレンジング剤のついたコットンで、拭きとるだけでメイクを落とせる

部分とは別にていねいに落とします。クレンジング剤を手にとったら先にアイメイク以外を落とし、そのあとでアイメイクを落とすと、汚れがほかの部分に広がるのを防げます。

クレンジングの際に意識したいのが、乳化というプロセス。乳化を行うことで、メイクの汚れや油分がしっかりと浮き上がります。クレンジング剤を顔に塗ったあとは、少量の水を加えて乳化させてから洗い流しましょう。毛穴の奥の汚れまでスッキリ落とせます。そのあとは、**クレンジング剤をしっかりお湯で洗い流して、肌に残らないようにしましょう**。シャワーでバーッと洗い流すと肌にダメージを与えるので、ぬるま湯を桶などにためて、手ですくって洗い流す方法がおすすめです！

デイリー「クレンジング」

HOW TO

① クレンジング剤をメイクになじませる

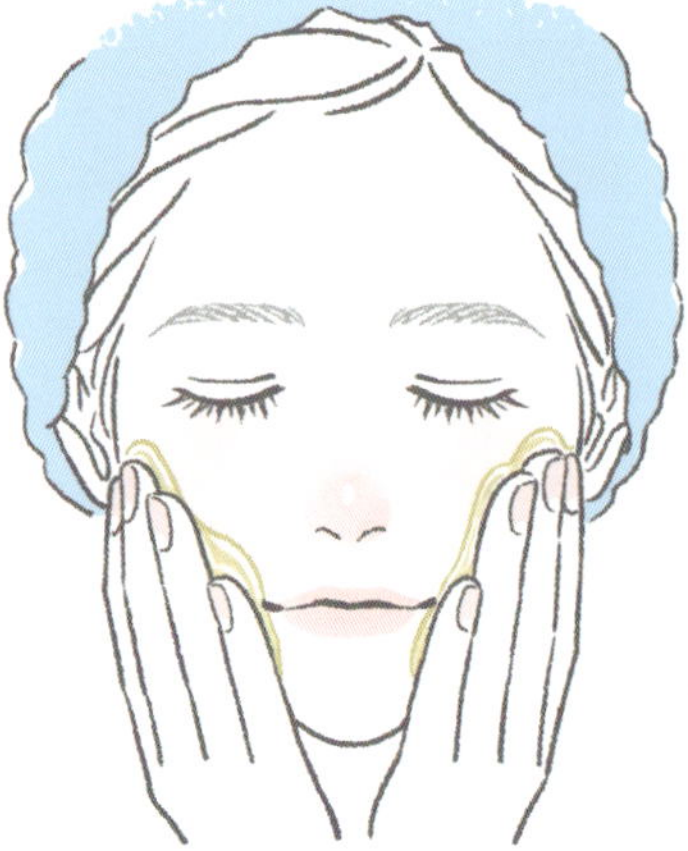

クレンジング剤を手にとり、手で温めてから顔全体に優しくなじませる。メイクが浮くまで、手を滑らせるようにマッサージする。

POINT

アイメイクをしている場合は、目の周りは後回し。ほかの部分をなじませたあと、追加でクレンジング剤をとり、目元のメイクを落とします。

② クレンジング剤を水で乳化させる

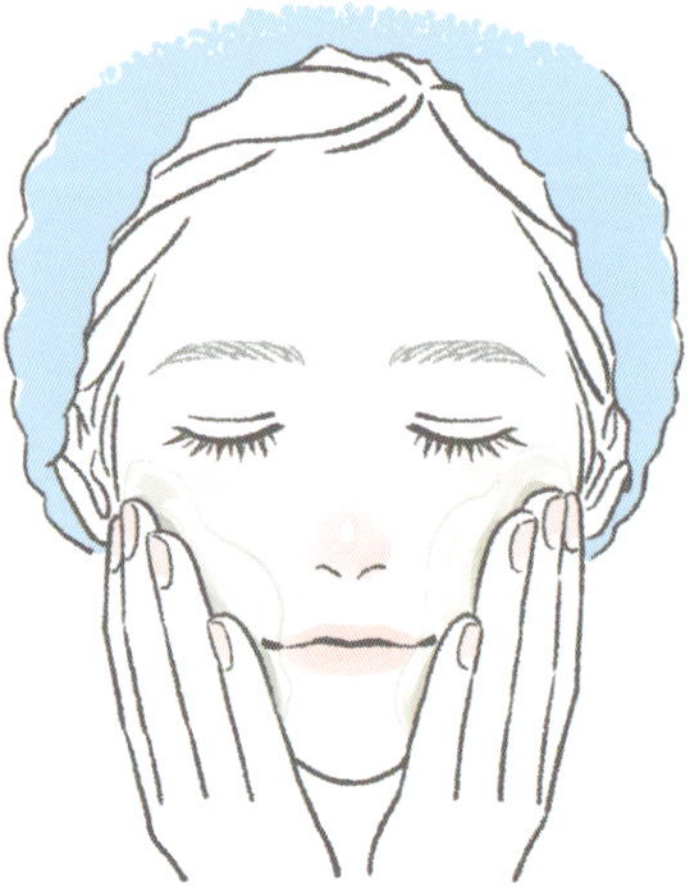

少量の水またはぬるま湯を顔に数回にわけてつけて、クレンジング剤を乳化させる。オイルが白く変わることで、メイクが落ちやすくなる。

POINT

水が白っぽくなり、サラサラしてきたら乳化ができている証拠。30秒程度、手でクルクルと優しく顔をなでて、メイクを落とします。

USE ITEM

- **クレンジング剤**
  アイメイクをしている場合は、オイルなど洗浄力が高いもの
- **フェイスタオル**

③ ぬるま湯でしっかり流す

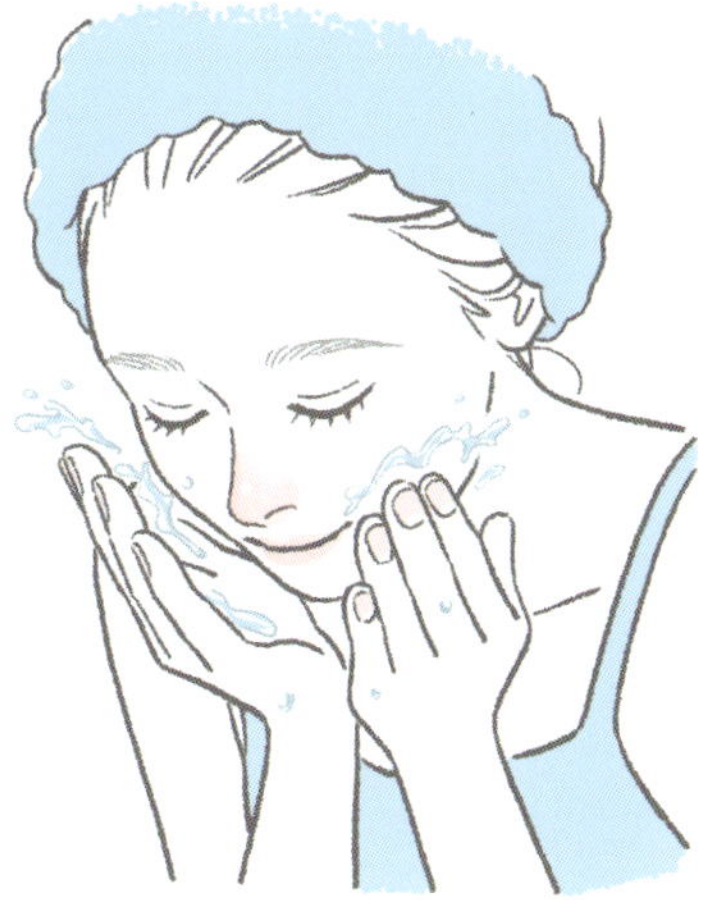

顔全体をぬるま湯で優しく洗い流す。クレンジング剤が残らないようにていねいにすすぐことが大切。

NG!

お湯が熱すぎると肌の乾燥を引き起こすので、ぬるま湯を使いましょう！

④ タオルで水気をとる

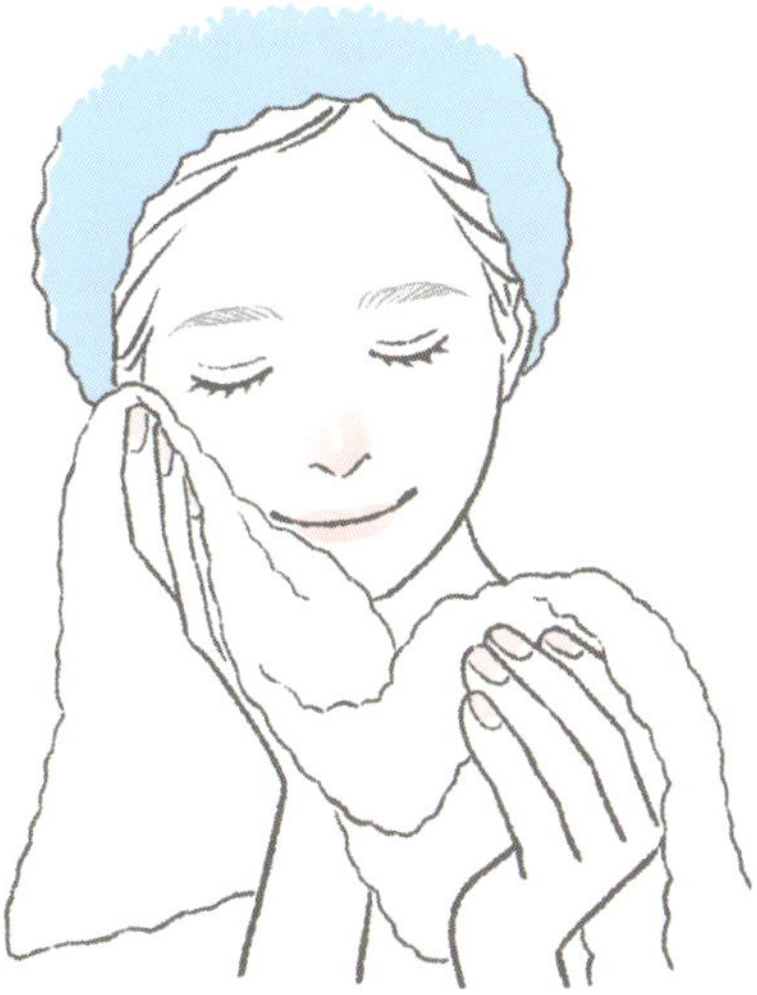

やわらかいタオルで顔を軽く押さえ、水気をとる。ゴシゴシこすらないように注意して。

POINT

タオルは清潔なものを使うよう心がけてください。雑菌が肌荒れの原因になることがあります。

MESSAGE 13

メイクをしていない日も洗顔で顔の汚れを落とす！

もこもこの泡で優しくマッサージするように洗顔を

メイクをしていない日は、面倒だから…と洗顔をしない人も多いようです。ただ、**大人の肌にとって、夜の洗顔は必須！** 肌は外気中のホコリや汚れ、さらには肌自体が分泌する油分によって汚れています。特に夜になると、皮脂や汗が混ざって肌に蓄積され、これが放置されると毛穴を詰まらせ、くすみやシミの原因になります。実際、私の経験上、肌がキレイな人は「洗顔だけはちゃんとやってきた」という方が多いですよ。

顔の汚れが、将来の悩みになる

洗顔するときも肌をゴシゴシこするのはNG。泡立てネットなどを使って、もこもこの泡を作ったら、**顔全体に泡をなじませ、泡で優しくマッサージするように洗い、ぬるま湯でしっかりとすすぎましょう**。手や顔になるべく摩擦を与えず、肌をいたわりながら洗浄できます。

また、洗う時間は、長いほどよいわけではありません。長時間の洗顔は、必要な皮脂までとりすぎてしまい、乾燥や肌荒れの原因になります。**洗顔時間は30秒から1分程度で十分**です。

なお、洗浄力が強すぎる洗顔料を毎日使うと肌に余計な負担をかけるので、週に一度のスペシャルケアとして取り入れるのがおすすめです。**日常の洗顔には、肌に優しいものを選びましょう**。

デイリー夜用「洗顔」

HOW TO

① 泡立てネットで もこもこの泡を作る

洗顔料を適量ネットにとり、たっぷりの泡を作る。泡がクッションとなり、肌への負担を減らす効果がある。

NG!

洗顔料を直接顔につけるのは絶対にやめて。刺激が強すぎて、肌を痛めてしまいます。泡が細かいほど、肌への刺激が少なくなるので、きめ細かい泡を目指しましょう。

② 泡を顔にのせて クルクルと動かす

泡を顔全体にのせ、指先で優しく円を描くように洗う。Tゾーンや小鼻周りは重点的に行う。

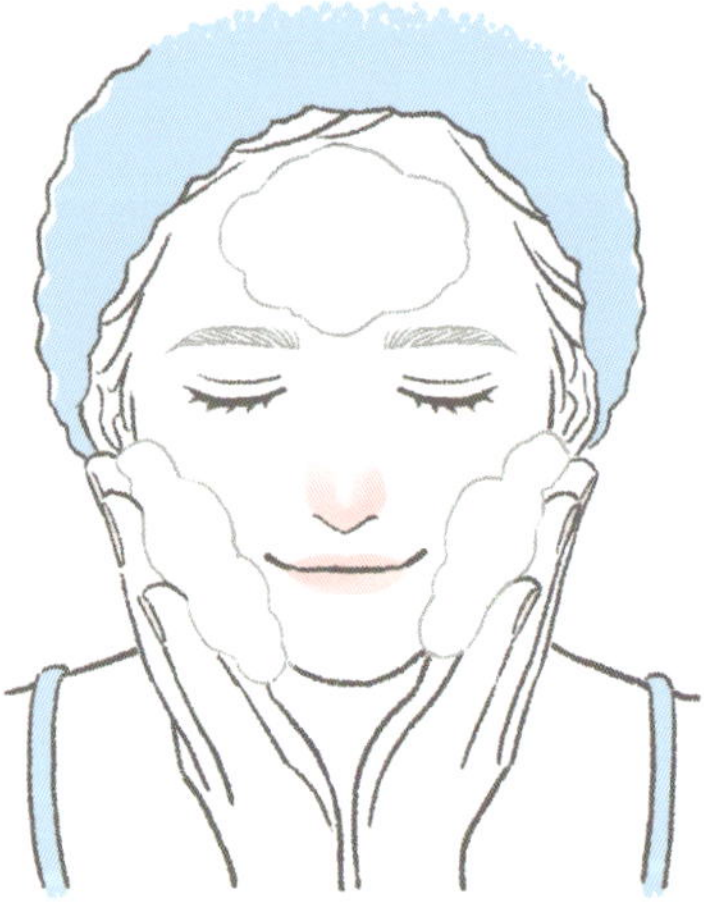

POINT

摩擦がかからないように、力を入れすぎず、泡を転がすように動かすのがコツです。

USE
ITEM

- **洗顔料**
  アルコール成分が入っていないもの
- **泡立てネット**
- **フェイスタオル**

③ ぬるま湯でしっかり洗い流す

顔に残った泡をぬるま湯でしっかり洗い流す。泡が残ると肌トラブルの原因になるので注意！

POINT

すすぎ残しがないよう、特に髪の生え際やアゴのラインを意識して洗い流しましょう。

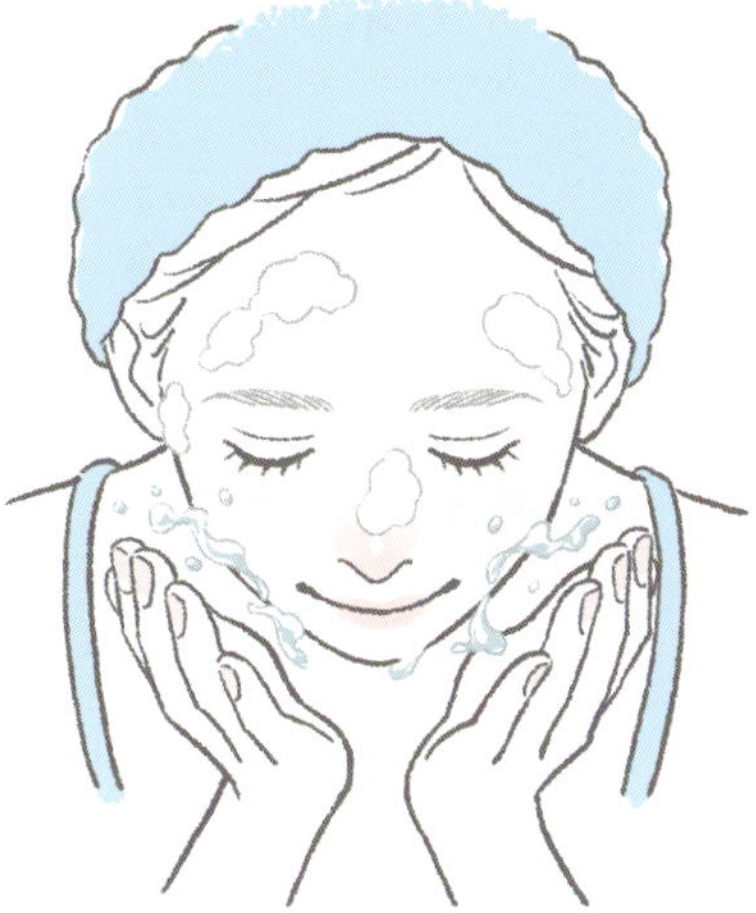

④ 乾いたタオルで水気をとる

清潔なタオルで優しく顔を押さえ、水気をとる。ゴシゴシこすると肌を傷つけてしまうので気をつけて。

POINT

肌への摩擦を避けるために、顔にタオルを優しく押し当てるようにして水分をとりましょう。

MESSAGE 14

心地よいと思うアイテムで大人はとにかく乾燥対策を

もともとの肌質にこだわるのではなく保湿を意識したケアを

よく混合肌や脂性肌といった肌質をあらわす言葉が使われますが、**大人の肌に最も大切なのは乾燥対策**です。年齢を重ねると、どんな肌質の方でも皮脂や水分が減少し、肌のバリア機能が低下し、乾燥が進行しやすくなります。乾燥が進むと肌は弾力を失い、ハリもなくなっていきます。さらには、シワやたるみ、シミなどを引き起こし、実年齢よりも老け見えに…。つまり、**混合肌や脂性肌だったとしても、年齢とともに肌の乾燥を実感する**ようになります。

おもなスキンケア用品の種類

	おもな効果	おすすめポイント
化粧水	肌に水分を補給し、保湿効果を高める	乾燥しがちな肌に潤いを与え、肌をやわらかくする
乳液	油分を含み、水分の蒸発を防いで潤いをキープ	軽いテクスチャで、ベタつかずに保湿できる。化粧水のあとに使って乾燥を防ぐ
美容液	集中的に美白やエイジングケアを行う成分が含まれている	特定の悩みに対応し、速効性が高い。化粧水のあとにつけて、乳液やクリームでフタをするのが基本
クリーム	油分が多く、乾燥を防ぎながら肌のバリア機能を強化	夜に使用することで、肌の修復を促進。最後のステップとして、顔全体に塗り込むとよい
オールインワンジェル	化粧水・乳液・美容液の機能をひとつでカバー	手軽に保湿ができ、忙しい人にも最適

もし時間や気分に余裕があるなら、美容液やアイクリームをプラスしたり、高級なケアアイテムを使ってみたりしてもよいですが、**一番大切なのは、基本的な保湿ケアを毎日きちんと続ける**ことです。

シンプルなケアでも継続していれば効果は実感できます。基本的には、化粧水をつけたらクリームや乳液で保湿するだけでOK。オールインワンのアイテムだってありです。スキンケア用品のセレクトは人それぞれ。自分の肌につけたときに「心地よいな」と感じるものが、あなたのベストです。

自分が毎日負担なく、続けやすい方法で肌の保湿ケアを行ってくださいね。

シートパックで夜のスペシャルケア 残った美容液は首やデコルテにも塗って

夜はお風呂あがりに、シートパックを行うのも効果的です。毎日できるのがベストですが、時間がないなら週1回でもよいので、ぜひやってほしいです。ただし、シートパックは使用時間をきちんと守ることが大事。長時間顔にのせたままだとかえって逆効果になることがあります。**シートパックを使ったあとは、残っている美容液を年齢がでやすい、首やデコルテ、手、膝、肘などにも塗り広げましょう**。

スキンケアは自分の肌と向き合い、その日の肌の状態に合わせて選ぶことが大切です。目周りの乾燥が気になるなら、アイクリームを塗る。首がシワっぽいと感じるなら、デコルテまで保湿クリームを塗るなど、柔軟に対応してみましょう。反対に、肌が十分しっとりしていると思うなら、やりすぎや塗りすぎは肌荒れの原因になるので足さないほうが吉。**あれやこれやと塗ること＝肌がよくなる、ではないのです。自分の肌を感じながらスキンケアを楽しむことは、未来の自分への投資のようなもの**。毎日のケアを、充実した時間にしていきましょう。

週に1回のシートパックでスペシャルケア！

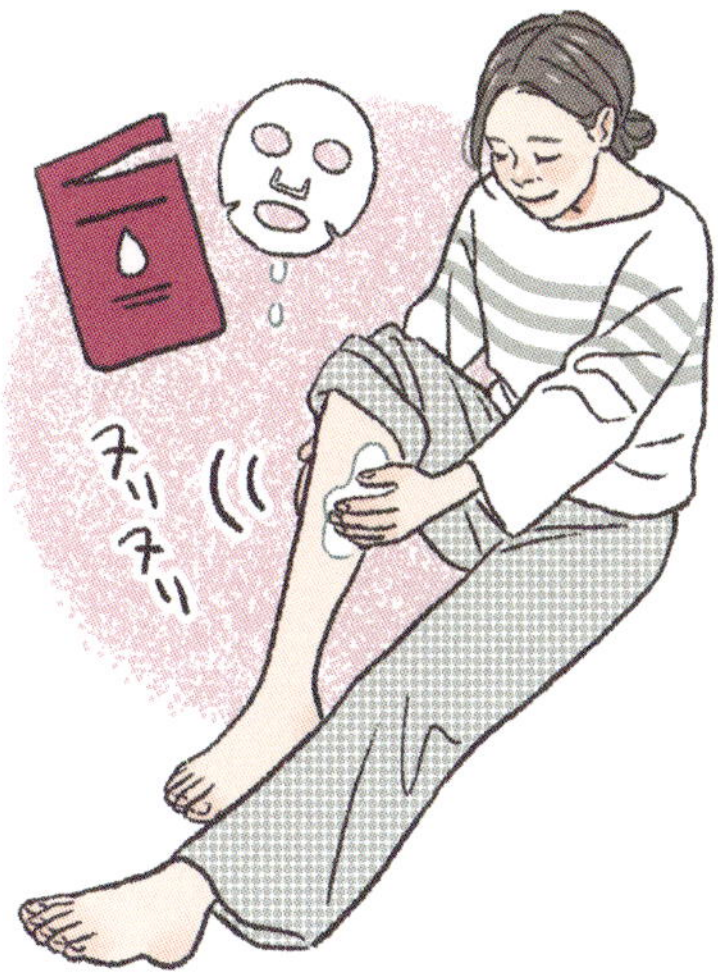

パックが終わったら、シートに残っている美容液を首やデコルテにも塗り広げましょう。肘や膝といった乾燥しやすい場所にも塗って、ケアしてあげて。

シートパックののせすぎや使いすぎは、乾燥につながることも。シートパックの裏に書いてある適切な回数や時間は守りましょう。

鈴木みほのメイクの魔法！ ひと言コラム

唇も顔の一部！乾燥ケアを忘れずに

乾燥が進むと、肌だけでなく、唇がくすんで見えたり、唇の血色が悪くなったりすることがあります。ワセリンやリップクリームをこまめに塗って、しっかりと保湿ケアをしましょう。

私流のケア方法ですが、お風呂につかりながら顔を温め、皮ふをやわらかくしてから、唇を優しくこすって余分な皮ふをポロポロと落とすという方法もおすすめ。定期的に行うことで、唇がスベスベになり、血色よく見えるようになりますよ。

デイリー夜用「スキンケア」

HOW TO

① 化粧水を顔全体になじませる

化粧水を手のひらにとり、顔全体に優しくパッティング。指全体を使い、押し込むように成分を浸透させる。

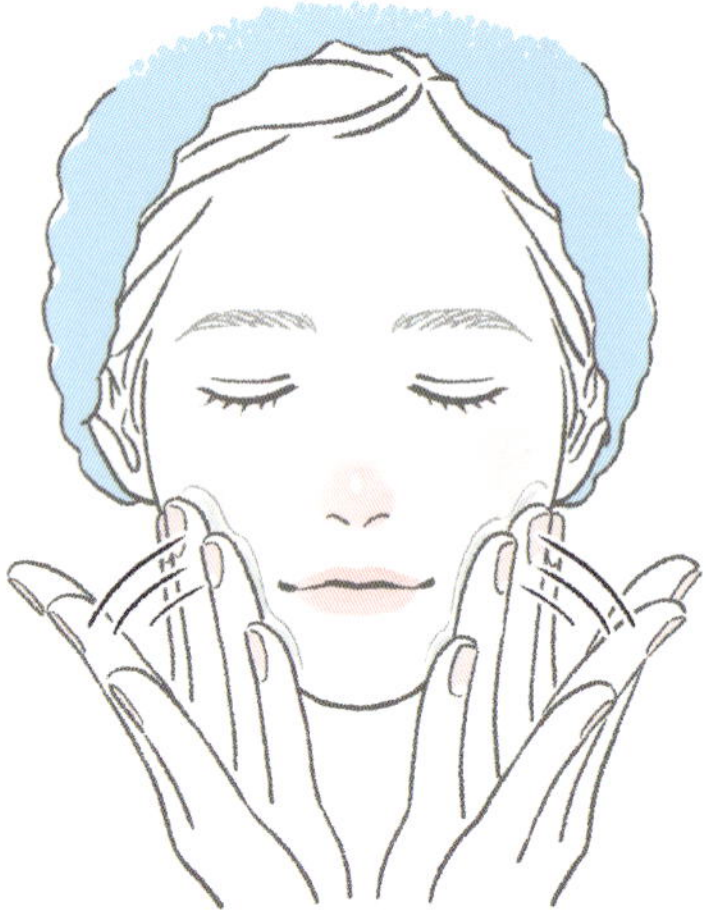

POINT

化粧水は数回にわけて重ねづけし、たっぷりと保湿します。両手で肌を包み込むと、成分が肌に浸透しやすくなります。なお、強く叩き込むのは絶対にやめましょう。

② ほうれい線のシワになじませる

気になるシワや乾燥しやすい部分に、追加で化粧水をなじませる。特にほうれい線や口元のケアは、くぼみに指を沿わせるよう念入りに。

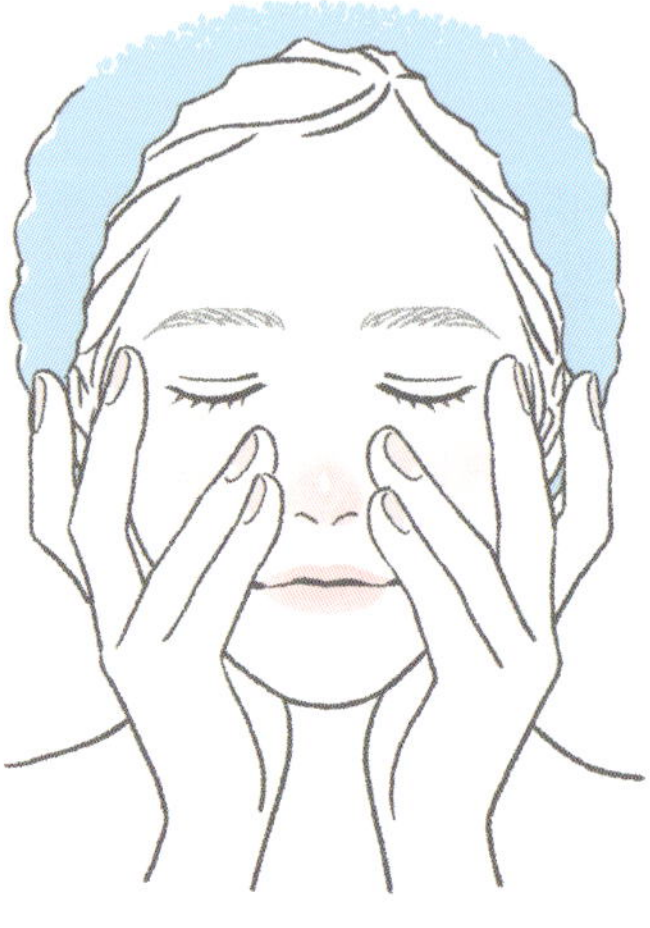

POINT

このタイミングで首や手、膝など、乾燥しやすいところにも、化粧水を塗ってあげてください。

USE ITEM

- 化粧水
- 乳液
- あれば美容液など

③ 乳液を顔の内側から外側へ伸ばす

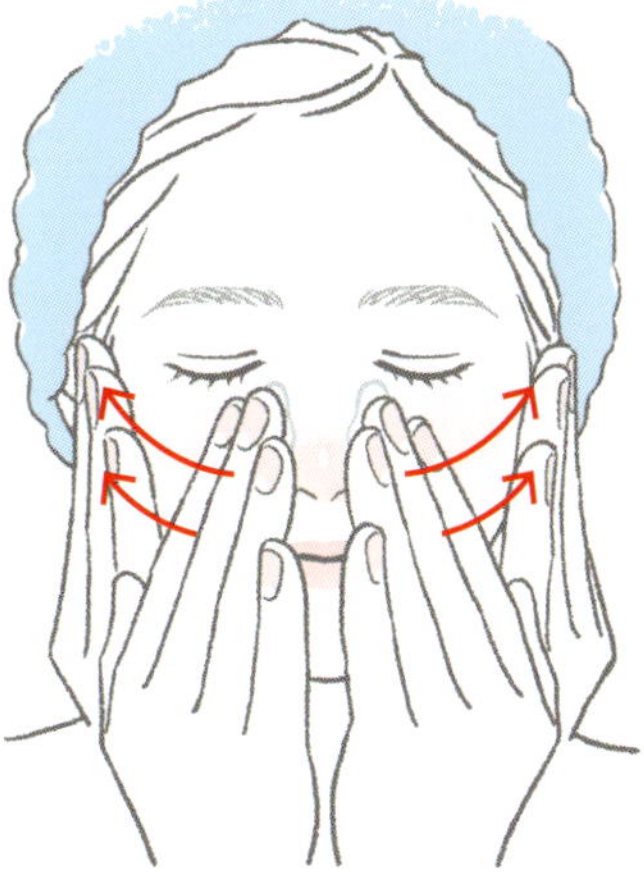

乳液を顔の内側にポンポンとのせたら、外側へ向かって、優しくマッサージしながら伸ばす。これでリフトアップ効果を期待！

POINT

手のひらを使い、顔の輪郭に沿って優しくなじませると、顔周りの血行を促進する効果も。さらにケアしたい人は、美容液やクリームをプラスして。

④ 手のひらで顔を包んで密着させる

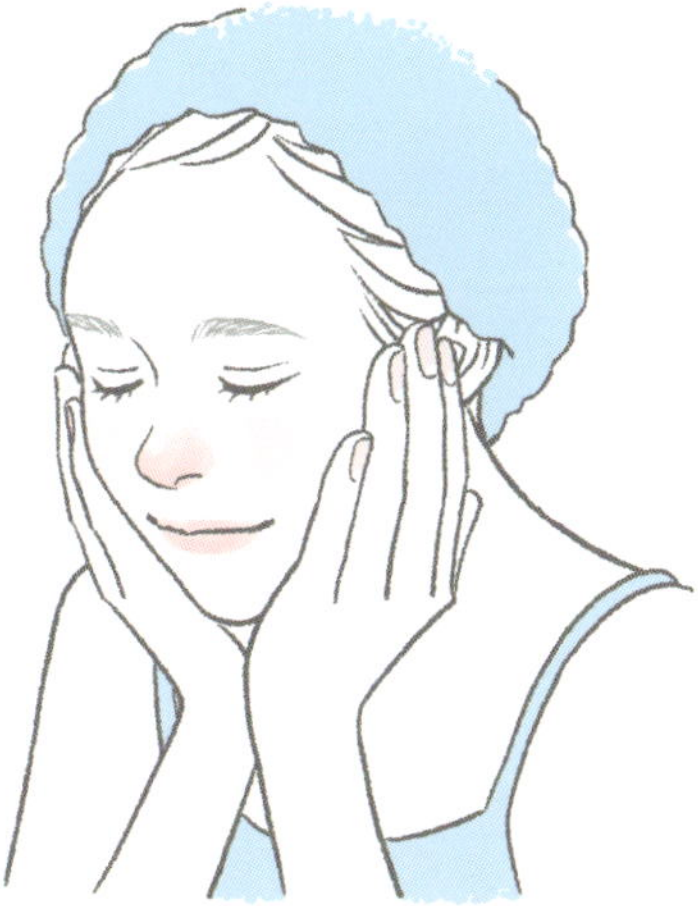

最後に、手のひらで顔全体を包んで深呼吸。スキンケア成分を肌にしっかりと浸透させる。

POINT

余裕があるときは、美容成分を塗る際にマッサージ（P53・P138）なども取り入れてみましょう。肌がよりスッキリ元気になります。

MESSAGE 15

ホットタオルでお疲れ肌を回復させる！

毛穴の奥の汚れまでしっかり落とせるお手軽テクニック

仕事や家事、育児に追われる、忙しい大人の女性にとって、エステに通うのは時間的にも金銭的にも負担が大きいですよね。でも、「疲れた肌を速攻でなんとかしたい！」という思いもあるはず。そんなときの応急処置としておすすめなのが、**ホットタオルを使ったスペシャルケアです**。お手軽なのに、**毛穴の汚れをしっかりと落とし、肌の血行を促進する効果も期待できます**。なによりも気持ちいいので、私も必ず週に1回はやっています。

ホットタオルを顔にのせて温めると、毛穴が開きやすくなり、奥にたまった汚れをしっかり取り除くことができます。また、血行を促進することで肌のターンオーバー（新陳代謝）が促され、古い角質や老廃物が除去されやすくなります。お風呂やシャワーで温めすぎると、肌が必要としている皮脂まで流されてしまいますが、ホットタオルならその心配はご無用。実際にやってみると、肌が明るく透明感が増し、まるでエステ帰りのようなツヤツヤ肌になれたことを実感できると思います。

やり方は簡単。**乾いた清潔なタオルを水で濡らし、軽く絞ったあとに電子レンジで30秒～1分ほど温めます。そして、温めたタオルを顔全体にのせるだけ**。肌の汚れだけでなく、目の疲れもとれますし、私はタオルで耳まですっぽり覆って、耳ツボを刺激したりもしています。温めなおしたタオルを首にかけるのもおすすめです。首や肩のコリが緩和されて、体がラクになります。ただし、日をまたいだタオルの使いまわしは避け、清潔なタオルを使いましょう。

タイミングとしては、洗顔後のスキンケア前に行うと効果的。毛穴が開いているため、スキンケア成分がしっかりと浸透しやすくなり、肌のハリやツヤがより引き出されます。

スペシャル「ホットタオル」ケア

HOW TO

① クレンジングと洗顔をする

クレンジング剤でメイクや汚れをしっかり落とし(P116)、そのあと洗顔(P120)を行う。

POINT

肌が清潔な状態でホットタオルケアをすることで、スキンケアの効果を最大限に引き出せます。

② 電子レンジでタオルを温める

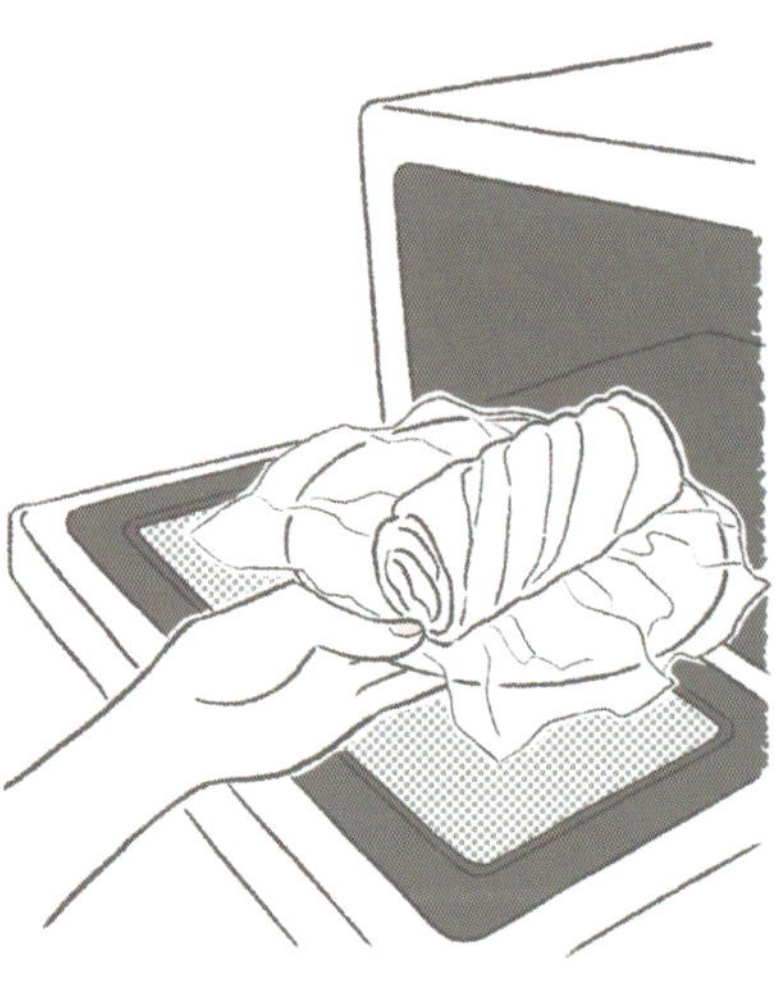

耐熱皿の上にラップを敷く。タオルを水で湿らせて軽く絞ったら、耐熱皿の上にのせ、電子レンジで30秒〜1分ほど温める。

POINT

お皿の上にラップを敷くのは、お皿の雑菌がタオルにつかないようにするため。タオルが熱すぎる場合は、少し冷ましてから使ってください。

USE ITEM

- クレンジング剤または洗顔料
- フェイスタオル
- スキンケア用品一式

③ ホットタオルを顔の上に広げる

タオルを横長に折りたたみ、顔全体にのせる。約2〜3分リラックスしながら放置する。

POINT

温めなおしたタオルを首元にも軽くのせると首の血行もよくなり、リラックス効果が高まります。

④ タオルをとったらすぐにスキンケアをする

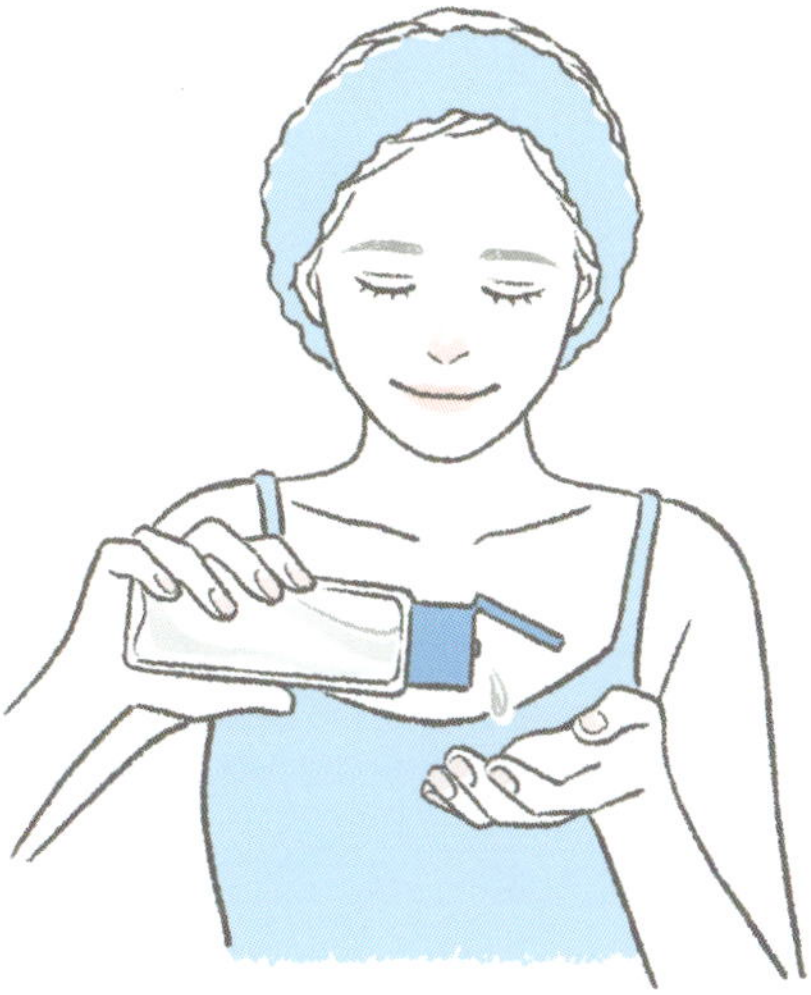

タオルを外したら、すぐに化粧水や乳液などをつけて保湿ケアをする。

POINT

手早く保湿をすることが重要。タオルを外した直後は、毛穴が開いている状態なので、スキンケアの成分がより浸透しやすくなります。シートパックもおすすめ。

MESSAGE 16

内側からのケアがあなたの輝きを底上げする

日々の食事と運動で体が潤う習慣作りを

普段のケアやメイクも大事ですが、それに加えて体の内側からのケアもとても重要です。そのために**大事なのが「食事」と「運動」です**。

いくら外見のケアを一生懸命していても、お菓子三昧、甘い飲み物やインスタント食品ばかりの毎日では、美しい肌を作ったり、キープしたりするのが困難に。また、大人女性は、ホルモンバランスが乱れやすいので、不健康な食生活による肌荒れや体重をコントロールするのが大変難しい年頃になってきます。「人は食できている」といわれるように、**「主食・主菜・副菜」がそろったバランスのよい食事を摂ることを心がけてみてください。**

特に乾燥が天敵な大人女性が肌の潤いを保つためには、肌の新陳代謝が大切です。それに欠かせないのが、皮ふや髪の主成分となるたんぱく質。私も肌になんか元気がないなと感じたときは、スーパーでお肉を買って焼いて食べたり、ときには、ゆで卵を3個食べたりと、自分の肌や体の状態に向き合って、必要な食事を摂るよう意識しています。食べたいなと思ったものを存分に楽しんだ次の日は、粗食にしてみるといった、ちょっとした工夫からでもいいので、体に取り入れるものも見直してみてください。そして**肌の乾きは、体が乾いている証拠でもあります。**お客様のなかでも、肌の乾燥が気になる方は「あまり水を飲んでいない」という方が多いように感じます。水分もこまめに摂って、体の乾燥を防ぎましょう。

肌と体の乾きが連動しているように、**日々なにかしらの運動をしている方は体の筋肉と連動して、顔の筋肉が引き締まっている方が多いです。**筋力が衰えがちな私たちの年代は、少しでもよいので体を動かす習慣を取り入れたいところ。食事と運動で内側から体をケアすることが、外側の美しさを保つ土台となってくれます。

MESSAGE 17

結局、大人の笑顔が最強の魅力になる

毎日楽しくすごすことを意識すると若さを保てる

年齢を重ねると、顔のたるみやほうれい線、マリオネットライン（口角下からアゴにかけてのライン）などが気になってきます。残念ながら、これらの悩みをメイクで完全に隠すことはできません。ですが、**いつどんなときも自分でできる解消法があります。それは、笑顔です。**

たるみやほうれい線ができる原因のひとつに、顔の筋肉（表情筋）の衰えがありますが、笑顔を作ると、口元や頬の筋肉が活発に動き、顔の筋肉が引き締まります。つまり、**笑うことは、ただ気分を明るくするだけでなく、顔全体が自然にリフトアップするという最強の顔の筋トレ**になるんです。逆に、普段誰とも話さなかったり、表情を動かさずに話したりしていると、筋肉が使われず、ほうれい線が目立ちやすくなります。ちなみに、マスクを長時間つけていると、確実に顔は衰えていきます。日頃から口角をあげて、顔の筋肉をしっかり動かしましょう。

さらに、**笑顔には「幸せホルモン」と呼ばれるセロトニンの分泌を促す効果もあります**。作り笑顔だとしても、脳は「楽しい」「幸せ」と感じるのだそう。すると、ストレスが軽減され、気分が明るくなります。メイクするときも、ご機嫌な顔ですると、幸せそうな顔に仕上がりますし、イライラしながらすれば、不機嫌な顔になるものです。笑顔は年齢や美人といった造形的な美しさを問わず、人を輝かせてくれます。実際、若々しい素敵な印象をもつ80代や90代のお客様は、よく笑い、笑顔がかわいい方がとても多いです。

ちなみに、**笑顔を意識するためには、歯のケアも大切です**。大人の女性によくある悩みが、歯の黄ばみや歯のすき間。歯が気になって思い切り笑えないという方も多いです。歯のケアをきちんと行うことで、笑顔に躊躇しない自分でいられますよ。

「表情筋」を鍛える

HOW TO

ほうれい線ケア

① 指を小鼻の脇に置く

人差し指、中指、薬指をそろえて、小鼻の脇に軽く置く。力を入れすぎず、指をそっと肌にのせる。

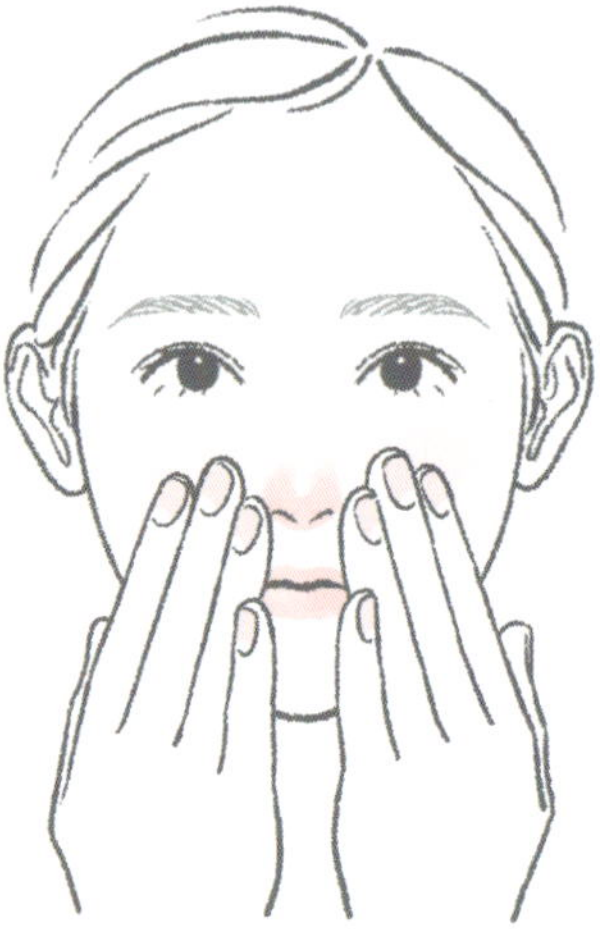

POINT

肌への摩擦をなるべく避けるため、化粧水や乳液を手のひらで温めて伸ばし、顔全体になじませておくとやりやすいです。

② 耳の付け根に向かってそっと動かす

耳の付け根に向かって、顔のラインに沿うようにスーッとスライドさせる。少しずつ指を置く位置を下げ4回行う。これを1セットとし、4回繰り返す。

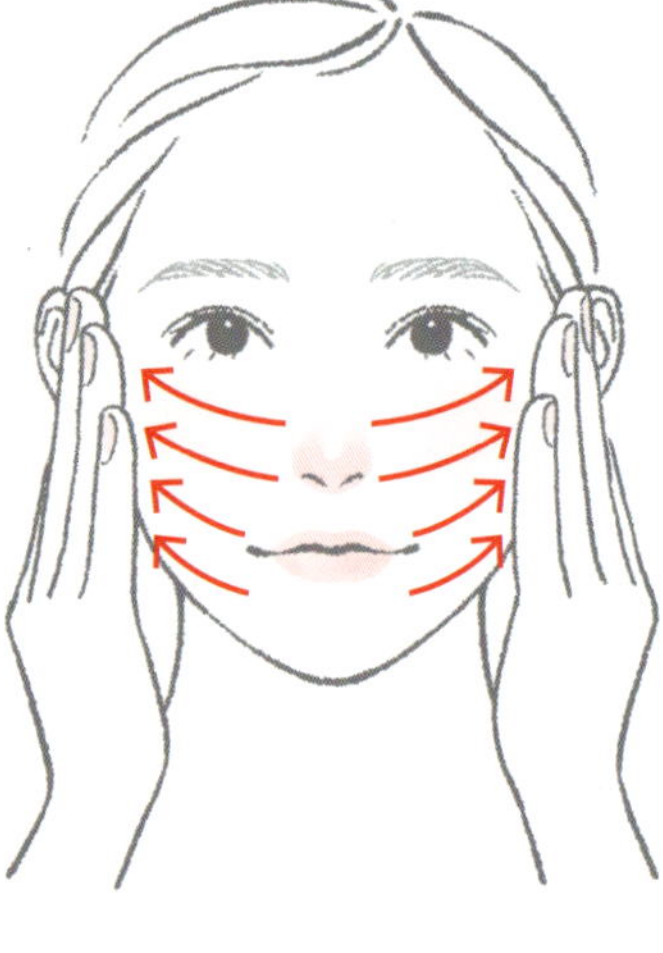

POINT

指を滑らせる動きはゆっくりと一定の早さで行いましょう。力を抜いてリラックスしてくださいね！

① マリオネットラインの下端をほぐす

マリオネットライン（口角下からアゴにかけてのライン）の下端を、人差し指と親指で軽くつまみ、ぐっと押すようにして筋肉を5～10秒ほどほぐす。

POINT

強く押しすぎないように、痛みを感じない程度の圧で行います。筋肉をリラックスさせるイメージで優しくほぐすのがコツです。

② 振動させてマッサージする

マリオネットラインに人差し指と中指を置き、もう片方の手を上から沿えて、細かく振動させるように5～10秒ほど軽く揺らす。反対側も同様に行う。

POINT

上から沿えているほうの手を振動させます。揺らすことで筋肉がやわらかくなり、血行が促進されます。

MESSAGE 18

肌をいたわる時間を作る それは**自分を大切にする**こと

自分をケアできるのは結局自分だけ 自分の肌と向き合うことが大切

どんなに優れたスキンケア商品があっても、日々のケアを続けないと肌は美しく保てません。結局、**自分をケアできるのは自分しかいない**んです。私は自分の顔を、一緒に人生を頑張る同志・運命共同体のような存在だと思っています。だからこそ、肌がキレイだとそれだけでうれしいし、自信につながります。なんだか気分もあがってきて、「今日も、なにかいいことありそう！」って思えたりするものです。でも、美肌作りは1日でできるものではありません。だから、**日々のスキンケア**

「今」のケアが「未来」につながる

を自分への「未来のプレゼント」だと思って、肌と向き合う時間を作ってあげてほしいんです。P126でお伝えしたように、自分の肌の状態を確認し、必要だと思うケアをプラスしたり、引いてみたりしてください。自分の肌に向き合い、手をかけていたわってあげた分、肌は本来の輝きを取り戻してくれます。それを励みに、日々のケアする時間をぜひ大切にしてください。

もちろん、たるみやシワなど、加齢によって避けられない変化もでてきます。でも、それを年齢のせいだと諦めないでください。**今日のあなたのケアが、未来のあなたを助けてくれる。**それを忘れずに、楽しく自分の肌と向き合ってくださいね。

大人の美コラム

指先まで行き届く美意識があなたをもっと魅力的にする

髪やメイクにこだわっても、手や爪のケアが疎《おろそ》かだと、ふとした瞬間に「年齢」があらわれがちです。その分、手がしっとり潤うだけで、一段と上品な印象を与えることができます。

日々の習慣として、ハンドクリームを塗ったり、手や指の関節をマッサージしたりといったケアを取り入れてみましょう。手や爪も顔と同じく皮ふの一部ですから、こまめにお手入れすることで指先が若々しく整っていきます。また、素敵な香りのハンドクリームを使うと、気持ちもリフレッシュします。

自分で爪を整えるのも大事ですが、たまにはネイルサロンで、指先のケアをプロに委ねてみるのもおすすめ。ネイルアートを楽しんでもいいですし、爪をツヤツヤにしてもらうだけでも十分です。キレイに整えてもらった爪が目に入るたびに、きっと心が弾むはずです。

手や爪などの細かいところまで、ケアできるようになると、どんどん自分への興味や美意識が高まってきます。「あれも、これもやらなければ」と考えると億劫になるかもしれませんが、少しずつできることからはじめてみて。誰よりもまず自分がうれしいと思えるケアで、毎日を楽しんでくださいね。

PART

4

THE RIGHT HAIRCARE

MAKES YOUR LIFE HAPPIER

メイクと同様、髪の美しさや髪型は

自分の印象を決める大きな要素になります。

手軽に自分の印象を変えたいなら、

まずは髪型をチェンジするのがおすすめです。

ただ、美しい髪はそれだけで

若々しい印象になりますが、

どれだけスキンケアやメイクを頑張っても

髪が傷んでいたり、ボサボサだったりすると台無し。

美容院さんなどプロの力も頼りながら、

今最もキレイに見える自分を演出してみましょう!

パサパサ髪は老け見え要因に！

大人のヘアケアの基本

MESSAGE 19

大人の悩みをカバーできるヘアスタイルがある！

顔の周りを囲む髪の毛は顔の印象に大きな影響を与える

ロングのツヤツヤ髪ってやっぱり女性の永遠の憧れ。でも、年齢とともに、髪にも変化があらわれます。加齢によるホルモンバランスの乱れによって起こる、パサパサ感、白髪、うねり、薄毛といった悩みを抱えている方も多いです。**実は、髪が長いと、こういった悩みが目立ちます。**しかも、ロングヘアだと顔の重心が下がって、顔のたるみがより強調されます。さらに、髪の重さ自体も顔を平面的に見せてしまったり、パサつく髪が顔周りにあると、顔もパサついて見えたりします。その場合、傷んだ髪をバッサリ切るだけでも、若々しく見えるようになりますよ。

顔周りには健康でツヤのある髪がマスト！　だから思い切って、悩みをカバーできるショートのヘアスタイルにしてみることをおすすめします。ボリュームをだしやすく、髪に動きもつけやすいので、平面的に見える顔の悩みを解消できるなど、大人女性にとってショートスタイルはメリットだらけなんです。

どんなにメイクがキレイに仕上がっても髪がイマイチだと台無し。**ヘアスタイルは、手軽に印象を変えられる方法なので、長さを優先するより、ぜひ見え方を優先してみてくださいね**。

また、**顔の重心をあげてくれるアイテムを使うのもおすすめ**。たとえば、おしゃれなメガネやイヤリングを取り入れると、顔がぐっとあがった印象になり、リフトアップ効果も期待できます。

最近はグレイヘアを楽しんでいる方も多いですが、グレイヘアにするなら、それに合った色味の調整や髪質のケアをしないと、ただ伸ばしっぱなしの白髪に見えてしまうことも。グレイヘアにしたい方は、早めに美容室で相談してみてくださいね。

MESSAGE 20

アイテム選びより頭皮のマッサージが大事！

頭皮をマッサージしてたるみ予防&ヘアケアを

髪や肌に悩んでいると、つい表面ばかりに目が行きがちですが、頭皮のケアもとても重要です。なぜなら、顔のたるみは頭皮のたるみが大きく影響しているから。頭皮と顔は1枚の皮ふでつながっているため、**頭皮がたるむとそのまま顔全体も引っ張られて、顔のたるみやシワが目立つ**ようになっていきます。頭皮がたるむ大きな原因が頭皮の血行不良です。**毎日のなかで手軽に取り入れられる頭皮マッサージで、顔の引き締めやリフトアップを叶えましょう。**

今は頭皮マッサージ用のブラシや器具もたくさんでているので、それらを使ってもOK。特別な器具を使わなくても、指の腹やブラシで頭皮を軽く刺激するだけでも効果があります。大切なのは、毎日続けられる方法で取り入れることです。

健康な頭皮は健康な髪の土台でもあります。**頭皮マッサージは、髪の毛のツヤやハリ、コシはもちろん、白髪や抜け毛の予防にも効果的**。特に白髪は、頭皮の血行不良が大きな原因のひとつとされています。頭皮マッサージを習慣にすることで、頭皮に十分な栄養が届き、健やかな髪が生えてきやすくなります。

頭皮マッサージの効果はそれだけではありません。**血流がよくなることで肌がキレイに見える効果も期待できる**んです。血行が促進されると、肌のターンオーバーが正常化し、くすみがとれて透明感がアップします。顔色が明るくなるだけでも、全体の印象がぐっと若々しくなります。

おすすめのタイミングとしては、お風呂あがり、テレビを見ながらなど。毎日のすき間時間に、取り入れられる機会がきっとあるはずです。私も大好きなサウナ中にずっと頭皮マッサージをしています。時間を決めてやらなくても、気がついたときにササッとできるのが、頭皮マッサージのよいところです。

「頭皮マッサージ」

HOW TO

① 頭皮全体を手のひらでほぐす

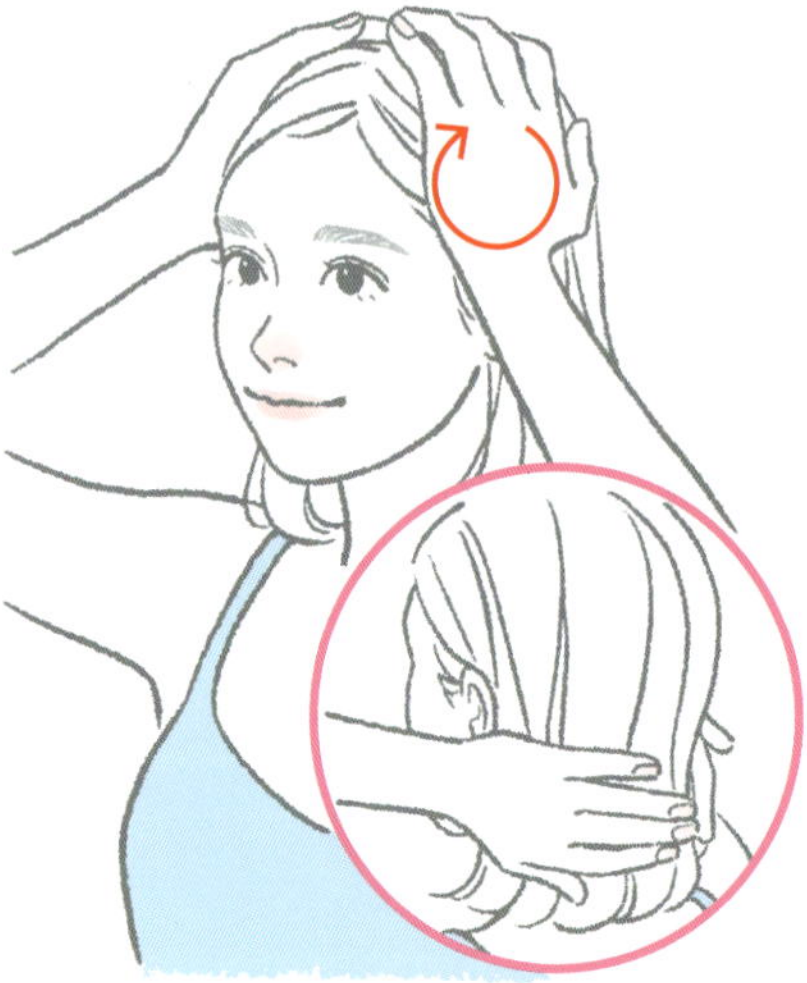

両手のひらを頭皮全体に当て、指先を軽く広げて圧をかけながら円を描くように動かす。少しずつ位置を動かしながら、それぞれ3〜5回ずつ行う。

POINT

力加減は、心地よいと感じる程度の強さに。このとき、首の後ろも手首の内側でグリグリと押すと効果的です。

② 頭皮全体を引き上げる

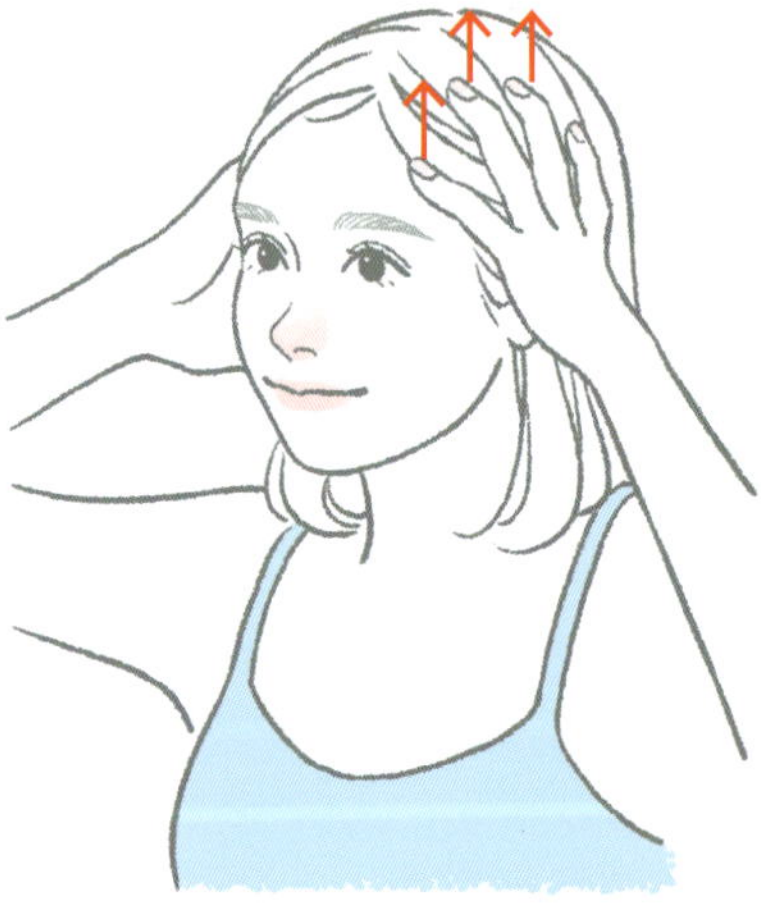

人差し指、中指、薬指、小指を使って、額や側頭部の頭皮を持ち上げるように引き上げる。3〜5回ずつ行う。

POINT

指を頭皮に深く押し込まず、皮ふを優しく持ち上げるイメージで。頭皮が引き上がることで、リフトアップ効果も期待できます。

③ 適度な強さで頭頂部を押す

指先を使い、頭頂部を心地よいと感じる圧で軽く押します。気持ちよいところを探して、じっくりと押し込むことでリラックス効果が。

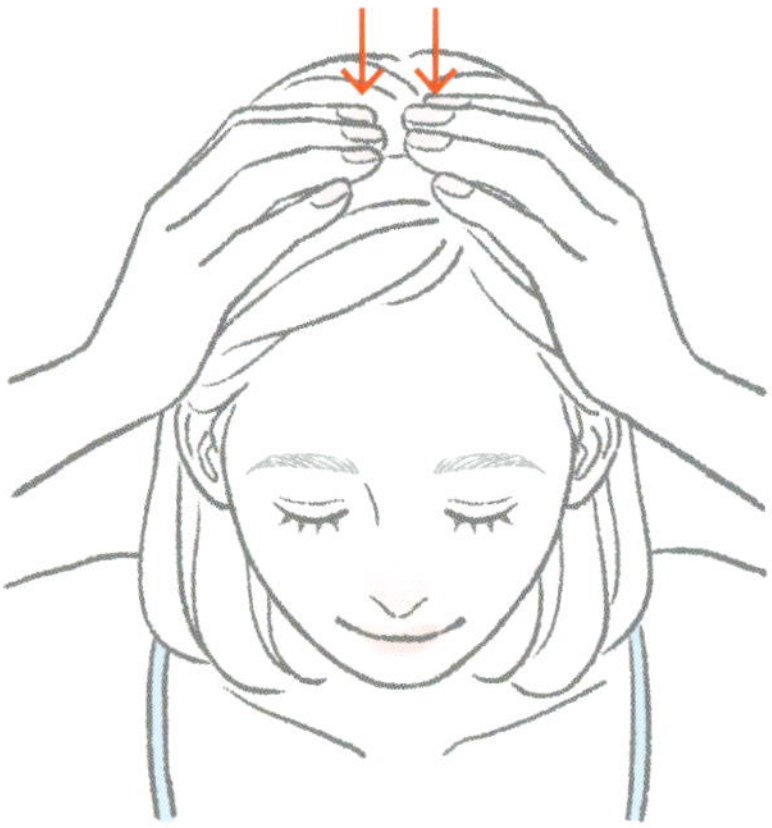

POINT

頭頂部の中央にあるツボ（百会《ひゃくえ》）を探しましょう。百会は頭痛、肩こり、目の疲れなどに効く万能なツボ。自律神経の働きを整えるほか、気持ちもスッキリさせてくれます。

鈴木みほのメイクの魔法！ ひと言コラム

移動中にも気軽に頭皮をマッサージ

ここで紹介したマッサージ方法以外で、私がよくやるのが、人差し指・中指・薬指の3本を耳の上の側頭部に当てて、指をぐっと押しながら内から外へ小さな円を描くようにもみほぐすマッサージ。

この部分をほぐすと、頭の疲れがとれて気持ちがスッキリします。電車のなかなど、移動中にこっそりやっています。

MESSAGE 21

正しい髪の洗い方で大人のにおいもケアする

男性だけの問題じゃない！女性も加齢臭がでてきます

加齢臭と聞くと男性だけの悩みと思いがちですが、実は、女性も年齢を重ねると加齢臭がでるように…。特に50代になると、**女性ホルモンの減少により、皮脂の分泌量が増えて、若い頃とは違ったにおいがする**ようになります。

特に加齢臭が気になってくるのは、耳の後ろやえりあしの部分。においのもとになる皮脂や汚れがたまりやすい場所なので、しっかりと洗ってください。洗い残しがあると、においが蓄積されてしまいます。

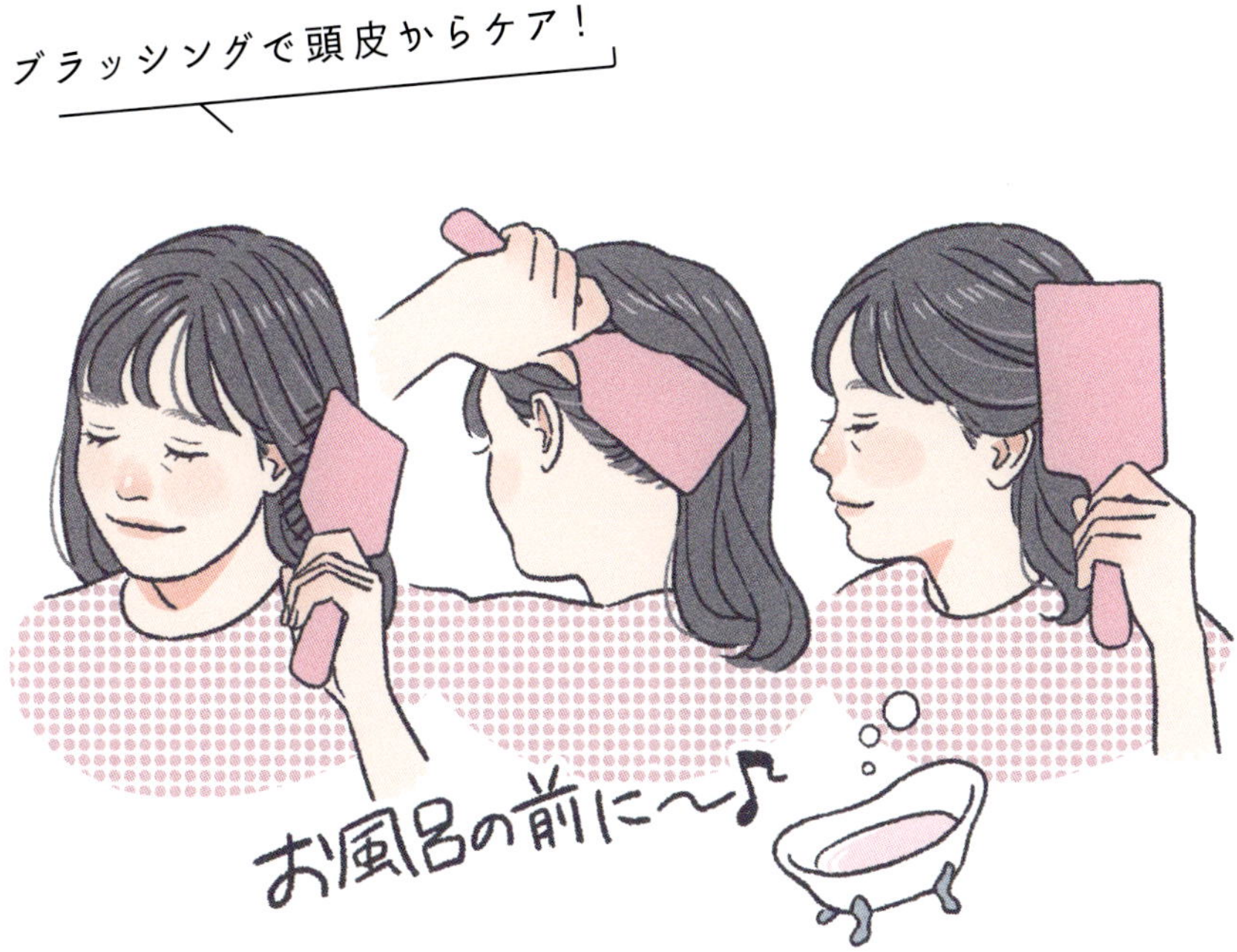

髪を洗う前には、まずは**ブラシで髪の毛全体をとかします**。これにより、髪の絡まりをほぐし、ホコリや汚れを取り除くことができます。**シャンプーをつける前に、必ず髪をお湯でしっかり濡らします**。髪や頭皮の汚れや油分の約7割が、これで落ちるといわれています。特に加齢によって分泌される皮脂やにおいの原因となる油分を落とすためには、この手順がとても大事。また、しっかり髪を濡らすことでシャンプーの量が少量ですみ、泡立ちもよくなります。

髪や体の美しさだけでなく、香りを含めた清潔感は全体の印象を大きく左右する要素。シンプルな正しい方法で清潔感を保つことが、50代以降の女性にはとても大切なんです。

デイリー「髪の洗い方」

HOW TO

① お湯で頭皮をしっかりとすすぐ

シャワーのお湯をいろんな方向から髪と頭皮に当て、1〜2分かけて頭皮全体をマッサージするように洗う。髪についたホコリや皮脂、スタイリング剤が落としやすくなる。

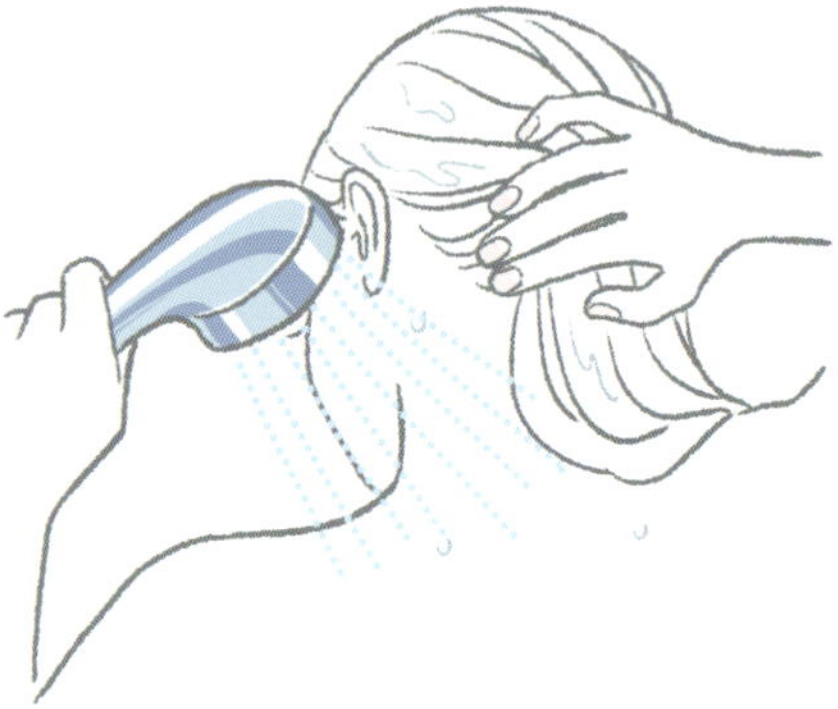

POINT

洗うときは指の腹を頭皮に当て、横に動かしながらえりあしから頭頂部に向かって流すと、汚れを効果的に落とせます。

② 頭皮や髪の根元をシャンプーする

シャンプーを両手のひらに伸ばして、髪の毛全体になじませ、指の腹を使って頭皮と髪の根元を優しく洗う。

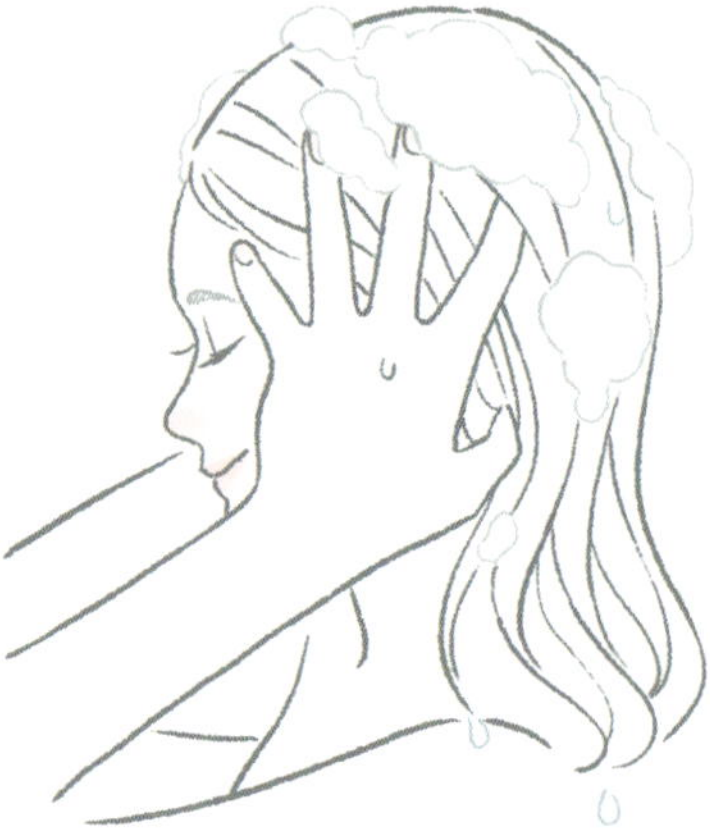

POINT

摩擦がかからないように、力を入れすぎず、泡を転がすように動かすのがコツです。

③ シャンプーをよく洗い流す

髪の毛にも泡をつけたら、髪の隅々にお湯を当て、すべての泡を取り除くようにしっかりと洗い流す。

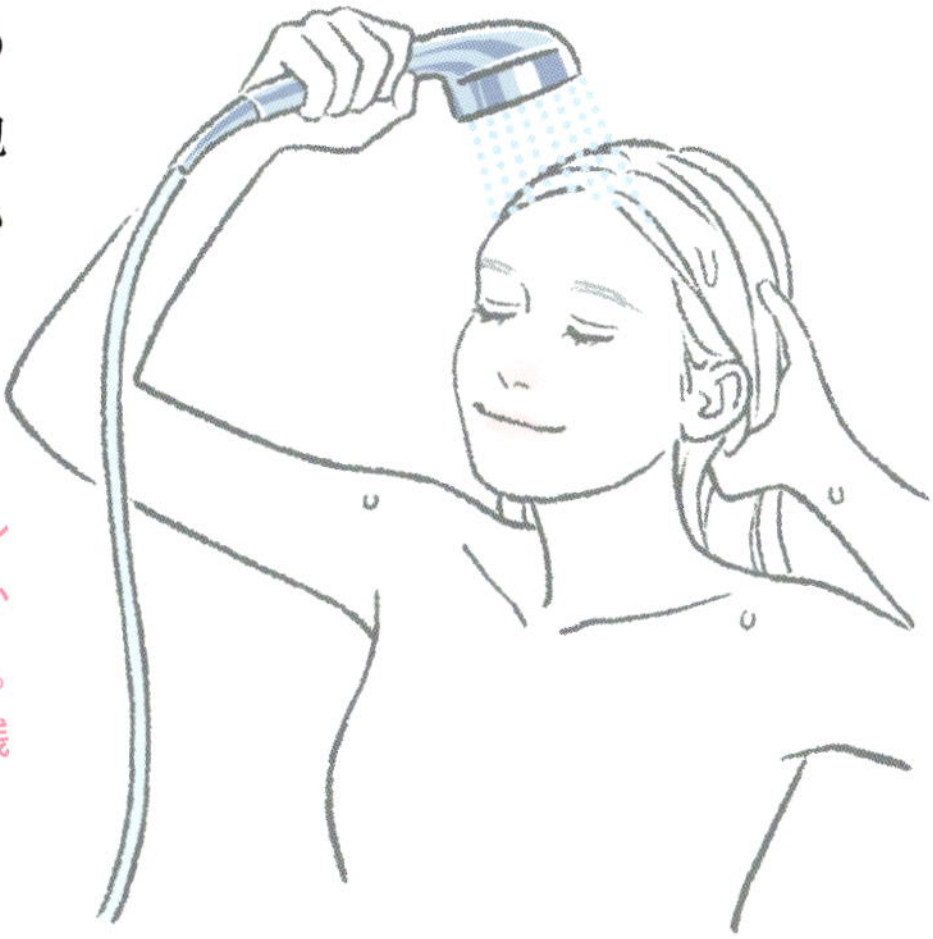

POINT

シャンプーの残りは頭皮のトラブルやかゆみの原因になるので、しっかりと時間をかけてすすぎましょう。特にえりあしや耳の後ろは、泡が残りやすいので注意。

④ コンディショナーを毛先になじませる

髪の水気を少しとってから、コンディショナーを髪の毛先になじませる。③と同じ手順で、いろいろな角度からお湯を当て、しっかりとコンディショナーを洗い流す。

POINT

目の粗いコームでとかして、コンディショナーをなじませるとさらに◎。傷みが気になる部分（毛先など）に集中的に使うことで、しなやかな仕上がりになります。

MESSAGE 22

髪の自然乾燥は百害あって一利なし！

乾かし方次第で髪の悩みを解決できる

お風呂あがりに髪を濡れたまま放置している人は要注意。髪が傷んだり、頭皮に雑菌が繁殖したりしてしまい、フケやかゆみ、イヤなにおいの原因にもなります。**健康な髪と清潔な頭皮を保つためにも、髪は必ずドライヤーで乾かしましょう。**

お風呂あがりにまずやるべきことは、タオルドライです。このとき、ゴシゴシと擦《こす》るのは厳禁！　頭皮はタオルを軽く押し当てるように、毛先は優しくタオルではさむようにして水分をとりましょう。また、タオルも毎日清潔なものに交換できる

自然乾燥が悩みの原因に！

と、さらによいです。

髪が傷んでいる人は、ドライヤーをかける前に、オイルなどをなじませておくのがおすすめ。髪を保護し、乾燥から守ってくれます。

髪を乾かすときに、よく「毛先を守るために、風は上から下に当てる」といわれますが、大人になると、どうしても髪のボリュームが減ってペタンとしがち。そのため、**髪の根元から髪を立てるように風を当てて乾かすのがポイント**。髪を逆立てるようにして、根元をふんわり立ち上げながら乾かすと、自然なボリュームがでて、若々しい印象になります。

髪のうねりが気になる人は、クセが強い部分を指ではさみ、滑らせながら乾かしましょう。うねりがおさまりやすくなります。

「髪の乾かし方」

HOW TO

① しっかりとタオルドライする

タオルで髪の水気をしっかり吸いとる。えりあしから頭頂部に向かってタオルを押し当て、水分を優しく吸い込ませる。

POINT

タオルドライを十分に行うことで、ドライヤーの時間を短縮し、髪を熱から守る効果が。水気をゴシゴシ拭きとると、摩擦で髪が傷むので避けましょう。

② 根元を中心にドライヤーをかける

髪を手で持ち上げ、ドライヤーを小刻みに振りながら、根元を中心にいろいろな角度から温風を当てる。

POINT

耳の後ろやえりあしは乾きにくいので、重点的に乾かします。頭皮の乾燥を防ぐため、ドライヤーは頭皮から15～20cm離しましょう。

③ ふんわり感をだすために根元を持ち上げて乾かす

髪を下から持ち上げ、温風をいろいろな方向から当てて、ボリューム感をだす。ここまでで髪が9割程度乾けばOK。

POINT

完全に乾かしすぎると髪がパサつきやすいので、少し湿り気が残る程度でやめるのがベストです。

④ 冷風に切り替えてスタイルをキープする

冷風で髪を整える。キューティクルが引き締まり、ツヤのある仕上がりに。

POINT

髪のボリュームがない人は、髪の毛の流れとは逆の方向から風を当てると、根本が立ち上がった状態でキープできます。

MESSAGE 23

髪を変えると、自分がなりたい姿がわかる

美容室に行くときは理想の写真をもっていって

今まで紹介してきたように、自宅でできる髪のケアももちろんありますが、限界もありますよね。そこで頼りたいのが、美容師さんなどプロの力です。やはり**プロに相談することで、髪の悩みを根本的に解決する方法が見つかる**ことが多いんです。「ボリュームのない髪をふんわりさせたい」「うねりをどう活かしたらよいかわからない…」など、髪に関する悩みはさまざま。ひとりでは解決できないことでも、プロに相談すれば的確なアドバイスがもらえます。

ちなみに、**美容室に行くときには、理想の髪型の写真をもっていくことをおすすめしています**。美容師さんの参考にもなりますが、それ以上に、**自分自身の理想像をはっきりと認識できるのがメリット**だと思っています。「明るくて、ふんわりとした髪型」が理想なら、それが今のあなたが目指したいと思っている姿。「ダークカラーで清潔感のあるスタイル」が素敵だと思うなら、それがあなたの理想ということです。そして、**なりたい自分の姿を知り、なりたい自分になることが、なによりも大切**です。美容師さんはプロですが、写真があることで、あなたがどんな印象を目指しているのか理解しやすくなり、それに近づけるためのアドバイスや施術がしやすくなります。

髪型を変えると、気分もリフレッシュします。**髪はメイクと同様に、外見を変えるだけでなく、内面にも影響を与えるものです**。もし、今の自分にちょっとマンネリを感じているなら、髪型をチェンジしてみるのがおすすめです。

次のページでは、さまざまな髪型のイメージイラストを用意しています。これらを参考に、ぜひ理想の髪型を探してみてください！　気になるスタイルが見つかったら、美容師さんに見せて、相談してみるとよいですよ。

ヘアスタイル見本

大人の顔の悩みを解消しながら、キレイに見せてくれる
ヘアスタイルには5つのポイントがあります。
特に、正面から見たときに◇形になっているようなスタイルが理想。
理想の自分はどれか、イラストを見ながら探してみてください。

ヘアスタイルの5つのポイント

1 前髪のデザイン

おでこの後退による額の広がりや、前髪のボリュームダウンをカバーするデザインが重要

2 トップのボリューム

大人女性は髪が細く、ボリュームダウンしがち。トップにボリュームを足すことで、小顔効果が生まれる。顔の重心を上にもってくることでたるみも解消できる

3 動きのあるスタイル

顔周りは動きがあるほうが、平面的になりがちなフェイスラインが立体的に見えるようになる。

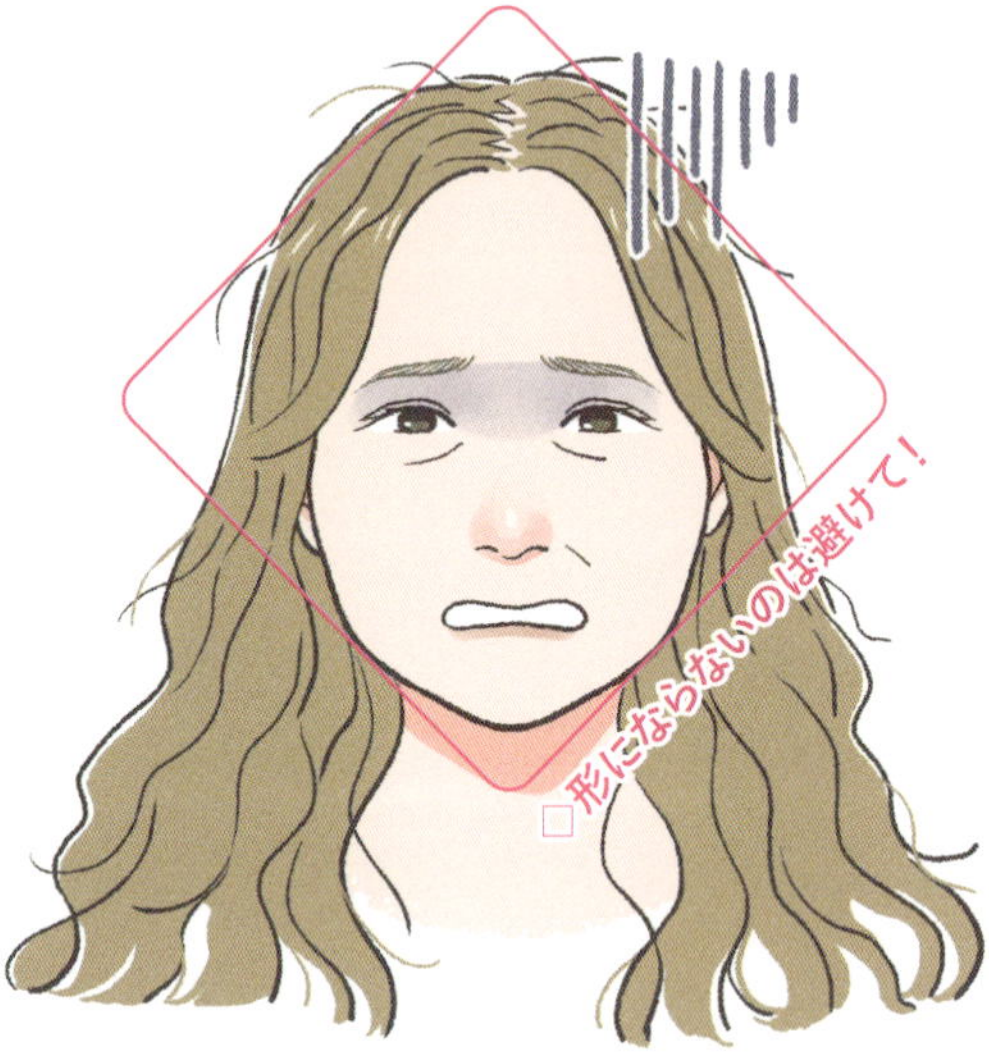

4 フェイスラインの見え方

顔のたるみを隠そうと下にボリュームを作ると、むしろ顔の下半分にボリュームがでて、よりたるみが強調される

5 髪色とツヤ

髪がパサついていると、肌も乾燥して見えるので、手入れがしやすい＝傷みにくいスタイルが大切

ロングヘアは5つのポイントを押さえづらいので、ショートが断然おすすめ！

SHORT / SEMI SHORT

ショート・セミショート

ゆるふわショートスタイル

顔周りに動きがでることで華やかさをアップ。トップにボリュームをだすことで小顔効果も生まれる。ゆるくパーマをかければ、短くても優しく女性的な雰囲気になれる

大人マッシュスタイル

重心を上にあげて、フェイスラインと首がキレイに見えることで若々しく、髪に動きがでて、優しく華やかな印象になる。髪に立体感が生まれることで、顔にも立体感がでて表情豊かに見える

エレガントショートボブスタイル

深め前髪でトップのボリュームアップを実現し、おでこの広がりも解消できる。逆三角形のシルエットになることで、かなりの小顔効果がある。フェイスラインがスッキリ見えるというメリットも

短め前髪スタイル

眉上の短めバングで、おしゃれな雰囲気に。アシンメトリーにすることで、自然に前髪を流すことができる。毛量が少なくなってきた部分は、逆にシースルーふうにして悩みをカバー

MEDIUM SHORT

ミディアムショート

フェミニンショートヘアスタイル

髪がペタンとしがちな方におすすめのミディアムショート。前髪は少しの透け感を残しつつ、やや深めから作ることで、広がったおでこを隠せる。ボリュームがだしやすい＆小顔効果も生まれるスタイル

スタイリッシュショートスタイル

おでこのシワや顔の下半分のたるみ（下膨れ感）に悩んでいる方向けのスタイル。大胆な前髪と顔周りのレイヤーで小顔効果も抜群。とにかくおしゃれな印象になりたい方にもおすすめ

ふんわりミディアムショートスタイル

全体的にボリュームがなく、特にトップのボリュームに悩んでいる人やうねり髪の方におすすめ。重心が上にあがって、フェイスラインと首がキレイに見える。小顔効果を発揮する◇形のスタイル

スタイリッシュレイヤースタイル

立体感がほしい顔周り中心に、ハイライトを細く入れるのもおすすめ。光と影によって髪にメリハリがでるため、顔にも立体感が生まれる効果がある。頑張りすぎ感なくおしゃれを演出できる

BOB / SEMI-LONG STYLE

ボブ・セミロングスタイル

スタイリッシュレイヤーボブスタイル

髪がペタンとする、分け目が目立ちやすいといった方におすすめのスタイル。レイヤーで顔周りに動きをだすことで、分け目をあいまいにし、ボリュームアップが可能になる

ウェイビーボブスタイル

歳とともに髪にうねりがでてきた、強くなってきた方におすすめのスタイル。パーマによってうねりを活かしつつ、ボリュームもアップ。動きをつけてフェイスラインのたるみもカバーできる

ふんわりセミロングスタイル

長めでもまとまりがあるスタイルにするのがポイント。毛先とサイドを自然にふんわりさせることで、ボリュームや動きもだせる。やわらかく、華やかな印象に

軽やかセミロングスタイル

やっぱりロングを楽しみたいという方におすすめ。髪に動きをだすことで、優しくおしゃれな雰囲気に

おわりに

この本を手にとってくださったみなさま、本当にありがとうございます。「メイクを楽しむことで、自分をもっと好きになり、そのハッピーが周りにも広がっていく」。そんな願いを込めて、この本を作りました。

年齢とともに、自分の外見に対する願いは増えていくものです。なぜなら、生きていく限り、顔も体も変化していくから。若い頃には想像もできなかった変化を体験する…これは、みなさん平等に起こります。私は50代以上の女性を美しくする専門家として、多くの女性と向き合ってきました。その数え切れないほどの経験のなかで生まれたのが、この本でご紹介した「失われたものをさりげなく補うメイク」です。

このメソッドは、ほんの少しの工夫で自然な美しさを引き出し、日常にムリなく溶け込むメイク法です。あれもこれもと一度に頑張る必要はありません。たとえば「眉を整えてみる」「肌のシミを隠してみる」といった小さな一歩からで大丈夫。その一歩一歩が自分の魅力を引き出すにつれ、次第に「これも試してみようかな?」という楽しさに変わっていきます。すると、鏡に映る自分が少しずつ愛おしく思えてくるはずです。そうやって、自分に似合うメイクを追求する喜びを感じていただけたら、こんなにうれしいことはありません。

メイクを毎日の習慣にすると「自分の肌の状態がバロメーターになる」ことにも気づきます。肌の調子がいいと気持ちも前向きになり、自然と表情が豊かになります。そのため、メイクだけでなく、土台であるスキンケアも大切にしてほしいと思います。肌がイキイキしていると自然な笑顔が生まれ、周囲にも「自分らしい美しさ」や「幸せな気持ち」を届けられるのです。今回のメイクメソッドも、肌を健康に保つことがベースにあります。日々のスキンケアを通じて、自分の肌と向き合い、気持ちよく続けられるケアを楽しんでください。

このメイクメソッドにたどり着いた背景には、「日常をさりげなく美しくしたい」という想いがあります。歳を重ねるごとに、すべてにおいてシンプルなものが似合うようになっていきますよね。だから私は、最小限の工夫で自然体の美しさを引き出せる「補うメイク」を大切にしてきました。大人の女性のメイクは、ただ足すだけではなく、年齢によって失われてしまった本来の輝きを少しずつ「補う」だけで十分素敵になります。それがムリなく続けられ、自然でさりげない仕上がりになる秘訣です。きっと、みなさんもこのメソッドの効果を実感していただけると思います。

これから、私自身も年齢を重ねていきます。失われていくものばかりに気持ちをもっていかれないように、むしろもっと自分を好きになれるようなメイクやヘアスタイルに挑戦していきたいと思っています！　人生のなかでその時々に合った「キレイ」を楽しみ、笑顔の絶えない毎日を送りましょう。そしてまた、次の世代へメイクの楽しさを伝えながら、ともに美しさを磨き続ける存在でありたいと思っています。

この本が、みなさんの「自分らしいキレイ」を引き出す一助になれば、幸いです。

２０２５年2月末日　鈴木みほ

みなさんに、
メイクの完成形を
お見せします！
次ページへどうぞ！

さりげなく大変身メイクの実例

「さりげなく大変身」メイクは、
一生涯ずっと使えるメイクテクニックとお伝えしました。
では、実際の実例を見てみましょう！
年齢を重ねても、ナチュラルな感じを保ちつつ、
ぐっと垢抜けてキレイに見えるのがわかるはずです！

自然で若々しい印象に！

50代

AFTER

顔の立体感がでて、
たるみを解消！

60代

BEFORE

AFTER

ツヤと血色で
元気な印象に！

70代

BEFORE

いくつになっても、世代を超えて
最高にキラキラした日々を
送りましょう！

えがおグループの紹介

50代以上の大人女性を“えがお”にすることをコンセプトに、
さまざまなサービスを提供しています。

えがお美容室

50代以上の女性のためのヘアサロン。「えがお美容室」は髪に優しく自然なスタイルを提案します。また、グレイヘアを代名詞に専門性をもったスタイリストが加齢による髪の変化のお悩みに対して寄り添い解決していきます。

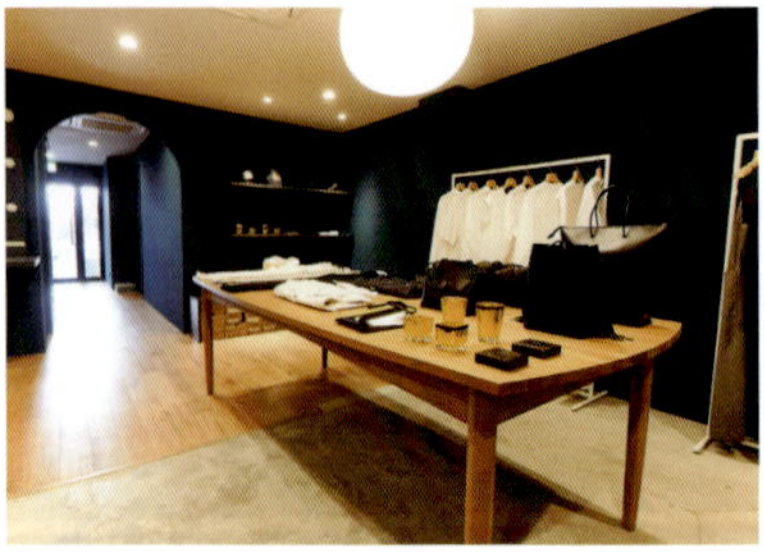

えがお洋品店

大人女性のためのセレクトショップ。「えがお洋品店」は世代の垣根を超えたブランドとアイテムをセレクトし、流行にとらわれず、長く愛用できるという視点を大切にして、年齢を重ねたからこそ似合う洋服を提案しています。

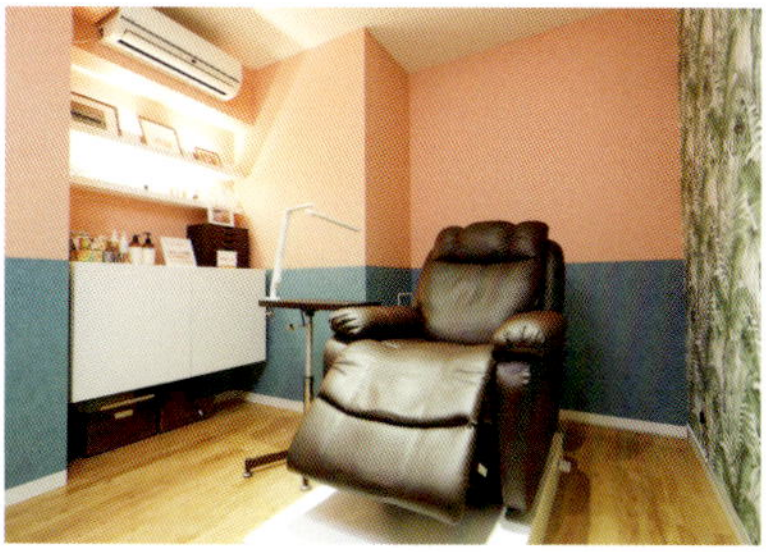

えがお爪工房

大人女性のためのネイルサロン。「えがお爪工房」では爪の形を整え、血行促進のハンドマッサージを行うなど、その世代に合わせたハンドケアを提案しています。

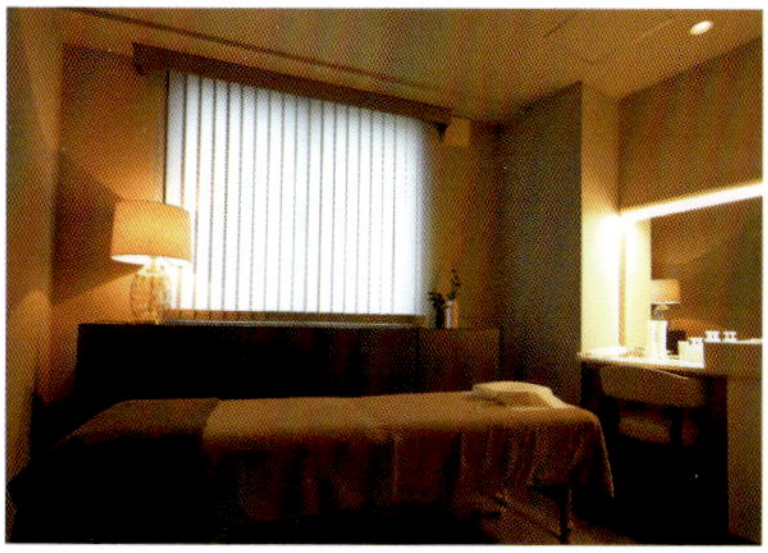

えがお美癒堂

ミドル世代女性のためのエステティックサロン。オールハンド施術はもちろん、肌に優しい最新機器も導入しています。その世代特有の悩みに対して最適なエイジングケアをご提供しています。

えがお写真館

シニア世代に向けたフォトスタジオ。お客様とのコミュニケーションを大切に、撮影のプロセスを楽しんでいただく。そして、出来上がった写真を見て、本人もご家族も幸せな気持ちになれるための撮影を行っています。

〈著者紹介〉

鈴木みほ（すずき みほ）

えがお写真館／EGAO所属のメイクアップアーティスト。50代前後の女性やシニア女性を愛らしく輝かせるヘアメイクを得意とする。2017年からえがお写真館に所属し、メイク人生の集大成として大人女性に喜ばれる仕事、特に美容の力を必要とする方のためにできることに力を注いでいる。
Instagram：miho_makeup

協力：太田明良（EGAO）

編集：有限会社ヴュー企画（山角優子）

カバー＆本文デザイン・DTP：月足智子

イラスト：pai

モデル：垣花かずみ、蒼井裕子、安久井千穂子

撮影：池田基、土谷陽介（EGAO）

スタイリスト：矢野竜大（EGAO）

執筆協力：上村絵美

企画編集：成美堂出版編集部

〈商品協力〉

＆be ファンシーラー　ベージュ＆オレンジ
株式会社Clue　0120-274-032

ヴィセ リシェ　リップ＆チーククリーム N　BE-5
株式会社コーセー　0120-526-311

カネボウ　ルージュスターヴァイブラント　V04・V08
カネボウインターナショナルDiv.　0120-518-520

※ほかすべて編集部私物。アイテムの情報は2024年12月時点のものです。現在では同じ商品が販売されていないことがありますので、ご了承ください。

50代から楽しむメイクの教科書

著　者　鈴木《すずき》みほ

発行者　深見公子

発行所　成美堂出版
〒162-8445　東京都新宿区新小川町1-7
電話(03)5206-8151　FAX(03)5206-8159

印　刷　大日本印刷株式会社

ISBN978-4-415-33527-8